石品清奇济世长 石世奇纪念文集

孙祁祥　名誉主编
周建波　张亚光　编

北京大学出版社

图书在版编目(CIP)数据

石品清奇济世长:石世奇纪念文集/周建波,张亚光编.—北京:北京大学出版社,2017.12
ISBN 978-7-301-28906-8

Ⅰ.①石… Ⅱ.①周… ②张… Ⅲ.①石世奇(1932—2012)—纪念文集 Ⅳ.①K825.46-53

中国版本图书馆 CIP 数据核字(2017)第 257537 号

书　　　名	石品清奇济世长——石世奇纪念文集
	SHIPIN QINGQI JISHI CHANG——SHI SHIQI JINIAN WENJI
著作责任者	周建波　张亚光　编
责 任 编 辑	任京雪　徐冰
标 准 书 号	ISBN 978-7-301-28906-8
出 版 发 行	北京大学出版社
地　　　址	北京市海淀区成府路 205 号　100871
网　　　址	http://www.pup.cn
电 子 信 箱	em@pup.cn　　　QQ:552063295
新 浪 微 博	@北京大学出版社　@北京大学出版社经管图书
电　　　话	邮购部 62752015　发行部 62750672　编辑部 62752926
印 刷 者	北京京华虎彩印刷有限公司
经 销 者	新华书店
	730 毫米×1020 毫米　16 开本　12 印张　彩插 4　178 千字
	2017 年 12 月第 1 版　2017 年 12 月第 1 次印刷
定　　　价	45.00 元

未经许可,不得以任何方式复制或抄袭本书之部分或全部内容。
版权所有,侵权必究
举报电话:010-62752024　电子信箱:fd@pup.pku.edu.cn
图书如有印装质量问题,请与出版部联系,电话:010-62756370

石世奇先生 (1932—2012)

1966 年 12 月,昆明合影
(左起:徐雅民、石世奇、张文俊)

1984 年,《中国大百科全书 – 经济学》中国经济思想史编写组成员在厦门鼓浪屿合影
(左起:虞祖尧、王同勋、巫宝三、肖清、赵靖、虞缦云、石世奇)

1990年10月20日，吴树青校长向陈岱孙教授祝贺生日
（左起：陈岱孙、石世奇、吴树青）

1997年，中国经济思想史学会第八届年会在大连举行，会后参观旅顺港合影
（左起：王同勋、朱家桢、余德仁、赵靖、石世奇、唐任伍）

1997年12月27日摄于石世奇老师家中
（左起：师母黄爱华、于海莲、石老师及外孙女、孙祁祥、邵明朝）

1999年10月赵靖先生、石世奇老师在庐山白鹿洞书院与编书组部分成员合影
（左起：裴倜、石世奇、赵靖、孙树霖、朱永、张守军、张劲涛）

2000年,在上海举行中国经济思想史学会第九届年会
(左起:叶世昌、王同勋、石世奇、朱家桢)

2000年5月28日,参加"二十一世纪经济学在中国的发展"学术研讨会
(左起:郑学益、石世奇、周建波)

2002年,中国经济思想史学会第十届年会在太原召开,会后参观平遥古城合影
(左起:裴倜、王同勋、李守庸、虞祖尧、石世奇、孙树霖)

2002年12月蓝旗营石世奇老师家中
(左起:石老师与师母黄爱华)

2002年12月31日蓝旗营石世奇老师家中
（左起：张春晓、张秋雷、石世奇、郝继涛、周呈奇、冯杨、王明存）

2010年9月12日中国经济思想史专业同学在教师节之际看望石世奇老师
（左起：张春晓、郝继涛、石世奇、刘京、张秋雷、曾京、马明、张亚光、冯婧玉、韩玉光）

序

以"史论见长"是北京大学经济学院的优良学术传统,作为最具代表性的学科,"中国经济思想史"的教学研究自民国时期就已享誉国内外。尤其是中华人民共和国成立后,这个学科被国家教育部领导称为北京大学经济学院的"特菜",经过数十年的艰苦耕耘,确立了国内当之无愧的学术重镇的地位,并逐渐形成了中国经济思想史研究的"北大学派"。

"北大学派"的开创和发展,离不开两位先生——赵靖和石世奇。赵靖先生年长石世奇先生十岁,两人是亦师亦友的关系。从20世纪60年代起,两位先生筚路蓝缕,开启了中国经济思想史研究的若干领域。20世纪90年代中期,由赵靖先生任主编、石世奇先生任副主编的《中国经济思想通史》(1—4卷)在北京大学出版社出版,得到了国内外学界的极高赞誉,树立了这个领域的"学术丰碑"。北京大学经济学院的"中国经济思想史"学科,也在两位先生的带领下蓬勃发展,门庭兴旺。

令人极为惋惜和遗憾的是,2007年8月8日,赵靖先生驾鹤西归,时隔不到五年,在2012年4月6日,石世奇先生也离我们而去。两位先生相继仙逝,不仅是中国经济思想史学界的重大损失,更是北京大学经济学院的重大损失。学界自发组织了一系列悼念和纪念活动,特别是北京大学"中国经济思想史学科"的后辈师生们,整理编纂了两本关于两位先生的纪念文集。纪念赵靖先生的《寸草集》已于2008年辑出。这本纪念石世奇先生的文集,经过多年的准备,也终于即将付梓。

石世奇先生1932年生于天津,祖籍绍兴。1950年毕业于天津南开中学,同年考入北京大学经济系。1951年调至中国共产党北京市委员会政策研究室工作。1960年复学回北京大学经济系学习。1960年留校任教,先后任助教、讲师、副教授、教授。1977年6月在"五七干校"下放劳动中被调回经济系,主持工作。历任北京大学经济系领导小组组长、经济系党总支书记、经济学院副院长、院长,2000年退休。石世奇先生从1961年开始从事"中国经济思想史"的教学和研究工作。除合作主编了《中国经济思想通史》(四卷本)、《中国经济管理思想史教程》等具有学科开创意义的巨著之外,还在《北京大学学报》《经济科学》《经济研究》《人民日报》《经济学家》等报刊发表文章数十篇;先后担任过中国经济思想史学会秘书长、副会长及代会长,是中国经济思想史领域公认的大师。

本文集共收录了三十余篇纪念石世奇先生的文章,篇篇都是情深意切之作。一部分作者是石世奇先生青年时代的同窗好友,他们曾经和先生一道意气风发、挥斥方遒,也相约在先生病榻前垂泪叙旧;另一部分作者是先生在北京大学经济系和经济学院不同时期的同事,他们中有的与先生共事多年、彼此知心,有的受先生恩泽匪浅、感激涕零;还有一部分作者是先生在中国经济思想史学会的同人至交,数十年来在学术上与先生如切如磋、如琢如磨;最后一部分作者是北京大学中国经济思想史学科的同门师生,从20世纪80年代起,本专业的研究生们每年教师节和元旦等节日都会集体组织去先生家中看望,和先生亲如一家。

博雅沧桑,未名亦洙,先生之风,山高水长。高天厚地兮,谁知吾辈之永伤!

孙祁祥

2017年11月12日

目　　录

从经济思想史的角度探讨当前的经济体制改革
　　——怀念石世奇教授 …………………………… 厉以宁 / 1
忆老友石世奇 ………………………………………… 晏智杰 / 6
一生奉献在经院　高尚风范留人间
　　——怀念石世奇同志 …………………………… 丁国香 / 8
写给石先生的一份怀念 ……………………………… 刘　伟 / 16
弥足珍贵的终生记忆
　　——缅怀石世奇先生 …………………………… 孙祁祥 / 19
春天里的石世奇老师 ………………………………… 平新乔 / 23
是同窗，胜似兄长
　　——永存的记忆 ………………………………… 赖荣源 / 33
半个多世纪的深情厚谊
　　——深切怀念老学友石世奇 …………………… 辛守良 / 43
怀念我的同窗挚友石世奇 …………………………… 徐雅民 / 58
志行高洁　为人师表
　　——敬怀石世奇老师 …………………………… 裴　倜 / 62
深切怀念石世奇老师 ………………………………… 陈为民 / 66
深切悼念石世奇教授 ………………………………… 叶世昌 / 69
石世奇同志逝世周年纪念感言 ……………………… 虞祖尧 / 73
怀念世奇同志 ………………………………………… 王同勋 / 76

| 追思与怀念 | 朱家桢 / 81 |

执着专业　尊师楷模
　　——缅怀石世奇先生　　叶　坦 / 83

远去的身影　永久的纪念
　　——写在石世奇教授去世三周年之前　　韦　苇 / 91

追忆初见石世奇老师的深刻印象　　严清华 / 98

衣冠简朴古风存
　　——追忆与石老师在一起的最后日子　　于小东 / 102

石品清奇师恩长
　　——怀念石世奇先生　　王曙光 / 108

从崇化学会到北大经济系
　　——纪念石世奇先生　　许云霄 / 115

跟随石世奇老师读书的回忆　　周建波 / 124

风标常在　师德永存　　邵明朝 / 134

忆石老师　　吴丽红 / 139

我心中的阳明
　　——纪念恩师石世奇先生　　刘灵群 / 142

山高水长忆吾师　　黄晓龙 / 148

学高为世人师表　德厚是当今楷模
　　——纪念我的老师石世奇先生　　朱　永 / 152

一支不老的歌
　　——悼恩师石世奇　　刘群艺 / 156

缅怀石世奇先生　　周呈奇 / 158

缅怀石老师　　冯　杨 / 162

不能忘却的纪念　　郝继涛 / 166

儒者仁师
　　——纪念北京大学经济学院石世奇教授　　张秋雷 / 169

目 录

杏坛济世书奇声
　　——回忆石世奇先生 …………………… 张亚光 / 173

先生之风　山高水长 ………………………… 颜　敏 / 177

附

60年前的免费的班
　　——怀念1945—1946年崇化学会国学班 ……… 石世奇 / 180

周呈奇《战后台湾经济增长思想研究》出版序言 ……… 石世奇 / 182

与王襄有关的一本小书 ………………………… 石世奇 / 184

从经济思想史的角度探讨
当前的经济体制改革
——怀念石世奇教授

□ 厉以宁*

  石世奇比我小两岁,他出生于1932年。但他进入北京大学经济系的时间却比我早一年;他是1950年秋季入学,我是1951年秋季入学。由于他在北京大学学习期间被调到中共北京市委工作了几年,然后再回北京大学经济系完成自己的学业,所以大学毕业的年限又比我晚了几年。

  在北京大学经济系工作期间,我们在同一个教研室——经济史经济学说史教研室。这是一个庞大的教研室,包括四个学科:中国经济史、外国经济史、中国经济思想史、经济学说史;每个学科为一个"组"。"组"是很专业的,除了给本科生开课程以外,还招收硕士生和博士生。我在外国经济史组,他在中国经济思想史组。

  在改革开放以前,由于我当时经常遭到批判,长期从事资料翻译工作,所以不常与同事们来往,以免又产生麻烦,只完成系里、教研室里交给我的任务。直到20世纪80年代初,学校环境比过去好多了,系里环境也大有改变,我和同事之间的往来才渐渐多了起来。再加上1983年年末,学校新建了一些教授、副教授宿舍,我和石世奇一起搬到了中关园新建的宿舍中,我们的住处相距不远,在早晚散步时经常见面聊天,而且天南海北什么都谈。一来,这

---

 * 厉以宁,著名经济学家,北京大学光华管理学院名誉院长。

反映了北大教师们对国家改革过程的关心,想了解有关下一步改革和开放的情况;二来,这反映了北京大学校园风气的转变,不像20世纪70年代初期和中期,即使熟人见面了,也只是点点头,打个招呼,表示礼貌,不想多说,以减少不必要的寒暄,免得麻烦接踵而至。

石世奇研究的是中国近代经济思想史,对于鸦片战争前后中国思想界的变化有过专门的探讨,其中不少看法是有新意的。而我当时在北京大学经济系开设了三门课,一门是给本科生的"西方经济学概论";另一门是"中国社会主义经济改革专题",主要内容是如何推进改革和开放,是选修课,校内校外来听课的人很多,教室都坐不下;第三门课是给研究生的"经济史比较研究",原来以为只有经济史专业的研究生才会选此门课,不料研究生们根本不分专业,都选修了这门课,以至于三换教室,越换越大。这样我和石世奇之间交流的内容也越来越丰富,我想从他的专业中学到可以令我进一步思考的问题,并增加我在中国近代经济史方面的知识;他则想多听听我对西方经济学、中国经济改革、各国经济史比较研究中的心得和体会。我俩往往一交谈起来就没完没了了。有时,晚饭后散步的时间长了,天黑了,他会说:"上我家里坐坐吧!"我就跟着到他家里接着交谈。有时我说:"上我家里接着谈。"两人无拘无束,话匣一打开,就难以结束。这种交谈今天回想起来是最有益处的。我常说:一个人的学问有三个重要的来源:一是听来的,别人的读书心得通过交谈就记住了;二是读书所获得的,这要靠自己安下心来,日积月累而形成自己的观点;三是想出来的,这说明光听别人说,或光是读书、摘录、记笔记都不够,一定要深入思考,把听来的和书上记载的做一番梳理,使之条理化和系统化,才能真正成为自己的知识。三个来源中,我认为最重要的就是第三个来源"想出来的"。在同石世奇交谈时,我多次提到自己的治学经验:听、读、想,石世奇十分赞赏我的这些看法。石世奇当时最关心的问题:一是西方经济学家的许多观点,这些观点可能适合于他们本国,但不一定适用于中国;二是西方经济学家针对中国而提出的种种建议,虽然不能说他们"别有用心",但总是隔了一层,因为中国的国情毕竟不同于西方的工业化阶段。因此,石世奇常说,严复翻译了亚当·斯密的《国富论》有什么用?当年有多少人读了这本书?又有几人读懂了这本书?中国依旧是中国,中国落后依旧是中国落后;

又比如说,北洋舰队建立了,跟日本舰队一打,就败下阵来,光会买洋人造的舰船,造的大炮,体制不改,人的观念不改有什么用?石世奇很有感触地说,不从中国人的思想观念改革着手,不从中国的旧体制改革着手,仅仅靠介绍西方的学说,靠买进洋枪、洋炮,能挽救中国吗?我觉得石世奇是有远见的。我也认为,西方经济学家的学说,不管在国外多么有效,如果中国不改本国的国情,一味地照抄照搬,又能解决什么问题呢?

石世奇研究了太平天国的兴起和败亡,他在同我交流时说过,有人认为太平天国是邪教同清政府作对,这太片面了;把太平天国说成是农民起义,这个观点并不错,因为农民起义中不少也打着宗教旗号,而且从来都是"成王败寇",从来都是一批穷人推翻一批当权者而建立新王朝的。问题是要看起来造反的新头领是不是推出了有利于改善民生的得力措施,赢得了民心,这样才能巩固自己的胜利。太平天国却不是这样。他们一打下南京就争权夺利,自相残杀,他们自己恣意享受,而让民众过着穷困的生活,这怎能不失去民心?石世奇说,封建历史上的农民起义经常出现类似的情况,太平天国只不过又为历史书增添了一个例证而已。他还说,课堂上不便如此说,但实际情况却是如此。我同意他的看法,只是补充了一点,如果新头领夺取了政权之后,施政的结果比旧政权还糟,这种新政权是不能持久的。太平天国的败亡完全证实了这一点。

石世奇很关心从20世纪80年代以来改革的进展情况,有一次他在北京大学经济系当时所在的四院楼里碰到我,说:"现在经济改革中,两派争论很激烈,一派主张放开价格,另一派主张先界定产权,为什么会有这样两派的争论?你是后一派的积极主张者,我想听听你的想法。"我说:"用最简单明了的说法来讲吧!必须懂得中国经济的非均衡性质。"于是我稍稍展开论述。我说,"现阶段中国经济处于非均衡状态,但非均衡经济分为两类,西方国家的非均衡属于第一类非均衡,主要特征是市场不完善,存在垄断现象,价格也不灵活,所以要从完善市场,消除垄断,放开价格着手;而中国经济的非均衡属于第二类非均衡,主要特征是不仅市场不完善,存在垄断现象,价格不灵活,还缺乏市场主体。所以中国经济的改革不能从放开价格着手,而应当先界定产权,明确市场主体,使企业成为产权清晰、投资责任明确的独立生产者,这样,中国经济就能从第二类非均衡状态过渡到第一类非均衡状态,然后再通过完善市场等措施逐步从第一类非均衡向均衡状态靠拢,这就是我对改革的基本思路。为什么我提倡实行股份制呢?因为股份制是界定产权、明确投资责任的最佳方案。"石世奇听完我的讲述,沉默了一会儿,说道:"我懂了,这样争论纯粹是学术之争,改革思路之争,与私有化无关。那些把主张产权改革和实行股份制的经济观点说成是搞私有化,看来是站不住脚的。"石世奇当时笑着对我说:"你继续研究吧,我了解你。"石世奇一贯为人正直、思想解放,此时又担任北京大学经济系党委负责人,他在四院对我说的这番话,使我久久难忘,至今记忆犹新。

在同石世奇交谈的过程中,还谈到了比较经济史领域内的一些争论。他谦虚地说:"我的专业太窄了,只埋头于中国近代经济思想史领域,也许是因为个人专业确定得太晚了,又加上经济系内的党政工作耗费了不少时间和精力,所以对比较经济史和比较经济思想史领域内许多曾经感兴趣的问题无暇顾及了。"我说,"比较经济史研究是我的老本行,从北京大学经济系毕业后,当时陈振汉老师作为经济系代理系主任就对我说:'你的学术方向不要仅限于中国经济史或西方经济史,最好是定在比较经济史方面。'具体指导我的老师是周炳琳教授,尽管他的专长是西欧近代经济史,但他一再叮嘱我,读书的范围要广泛些,再广泛些,要有比较研究的眼光。两位恩师的教诲我一直铭记在心。比较经济史研究中有些争论问题,我虽然不敢匆匆介入,但却把它们纳入研究视野。"20世纪80—90年代,石世奇常常问我:"最近又在研究什么经济史的课题?"我多次用这样一句话作为答复:"温故知新。"也就是说:尽管是老问题,但不妨换一个角度来分析。石世奇笑了说:"举几个例子吧!"我列出了一系列问题,比如说,古希腊、古罗马是不是奴隶制社会?我认为不是。古希腊是城邦社会;古罗马早期也是城邦社会,后来是中央集权的,非分封制的封建社会。西欧封建社会是怎样解体的?因为它是刚性体制,一旦出现了中世纪城市,刚性体制就维持不下去了,就出现了体制外异己力量,市民阶层形成了体制外权力中心城市。为什么中国的封建制度延续了这么长久?因为中晚唐五代是中国封建社会从刚性体制到弹性体制的过渡阶段,这个过渡阶段长达200年之久,从北宋开始,中国封建社会已转变为弹性体制的封建体制了,中国的封建制度就延长了。资本主义是不是也有从刚性体制到弹性体制的转变?有,1929—1933年大危机是一个转折点,在这以前,存在的是资本主义的刚性体制,即自由市场经济的资本主义,从20世纪30年代中期以后,特别是第二次世界大战结束以后,资本主义制度经历了调整,它已转变为弹性体制的资本主义了。什么是弹性体制的资本主义?这就是混合经济的资本主义。……石世奇对此非常感兴趣,他问:"难道你把这些新的观点仅仅写成读书笔记吗?"我说,"我正在撰写专著,已经同商务印书馆谈妥了,由它出系列著作。"可以告慰石世奇的是:《希腊古代经济史》(上、下编)、《罗马—拜占庭经济史》(上、下编)、《资本主义的起源——比较经济史研究》、《工业化和制度调整》几部专著都已陆续由商务印书馆出版。

石世奇在了解上述情况后,说了一段语重心长的话:"赶快培养年轻一代的经济史、经济学说史的教师、研究人员。经济史、经济学说史本来就是北京大学经济系的强项、特菜,现在都快绝后了。"我和他的想法一样,再不培养接班人,真要绝版了。

最后,在怀念石世奇去世两周年之际,我想用两句话来概述自己此时此刻的心情:益友难得,思绪万千。

2014年8月2日

忆老友石世奇

□ 晏智杰*

石世奇同志去世,使我失去了一位老学长、老同事、老朋友。这么多天过去了,一想起他,我就感到心痛。

老石染病多年,行动早已不便,但无论如何想不到他会这样早早地离开我们。得知他入住西苑医院,我从外地讲学归来去医院看望他。老石本来就是一个瘦人,此时躺在病床上的他更显病弱。但见他精神尚好,思维清晰,交谈间还让伺候在侧的女儿为他剥橘自食,似乎在向我这个老弟证明他能力尚可,不必为他担心,想不到这竟是我们的最后一面。也是那一次,还看到他病重的老伴、躺在隔壁病房的黄老师,此时已不能说话,不禁更令人心头痛楚,至今记得的仍是她那和蔼可亲的音容。

老石是一个能坦诚交往之人。几十年间,无论什么时候,无论遇到什么事,我都能与他放心地交换意见和看法。两人意见和看法不一定完全一致,但我决不怀疑他的诚心实意,更不担心他会做出任何不当之举。经历过那"以阶级斗争为纲"的漫长岁月,尤其是十年"文化大革命"的浩劫,能结识老石这样的挚友,我是十分珍惜的。

老石是一个实事求是之人。1958年在北京十三陵水库劳动工地,听到大喇叭传出那悠长的念白和唱词,我不禁感慨"太慢太长了",不料老石在一旁却说"那不正是言简意赅么!"此事虽久远且非大事,却给我留下了深刻的记忆:"是啊,老石说得对!"这种印象在后来几十年间不断得到印证和加深。

---

* 晏智杰,著名经济学家,北京大学经济学院教授,1993—2002年任北京大学经济学院院长。

老石很少"跟风""说过头话",这在过去那种"极左"盛行岁月往往被视为"右倾"。涉及人事是非,他总是谨慎从事,注意政策界限,尤恐伤及同志感情,这是他能赢得同志们信任的一个重要原因。

这些年经济理论和政策研究中不时会出现论争,有时还很激烈。老石作为一个学养深厚的学者,常有其独到之见;最值得称道的是,他从不唯我独尊,更不会以批判者自居,打压不同观点和见解。

在很长一个时期,高校推崇"工作业务双肩挑",老石对此一直不敢苟同,我就不止一次听他对此表示过异议,这在当时是很犯忌的,但他不为所动,事实证明他是对的。

老石还是一个识大体之人,并勇于为事关集体的"大局"而克制和牺牲"小我",这是众人拥戴他的又一缘由。

老石是一个有学问之人。他长期浸润于中国经济思想史的教学研究,是国内屈指可数的专家,但他从不张扬,不崇虚名;他又努力于将这种历史的研究与中国改革发展现实需要相结合,除了协助赵靖教授从事中国经济思想史的著述之外,常见他以这种历史研究的见解和心得说明与改革发展相关的问题,这往往给我和周围的同志们以极大启发。

老石推崇"治大国若烹小鲜"、切忌翻腾之说,这无疑是很有见地的。他在历任的基层兼职工作岗位上,无论是做院长,还是做书记,也是这样做的。因而尽可能地平稳和谐、"不折腾",处事宽容,就成为他主持工作的一大特色;与他好共事,也是大家对他的一致感受,这在过去和现在都是难能可贵的。

作为北京大学的资深教授和教育家,作为中国经济思想史学科的奠基人之一,作为我的学长和老友,石世奇同志永远活在我心中!愿他这样的好人在天堂安息!

2014 年 8 月 26 日

一生奉献在经院　高尚风范留人间
——怀念石世奇同志

□ 丁国香*

石世奇同志于 2012 年 4 月 6 日,刚满八十大寿不久,安然辞世,至今已有两年。但他的音容笑貌和高尚的品德风范,却总是铭记在我的脑海里。石世奇是我尊敬的学长,也是我在经济学院工作的领导和同事。我 1959 年入学时,他已是毕业班的老大哥,我在大一时曾与他们班的辛守良学长一起在系学生会工作,所以很快就认识了石世奇同志,并留下了深刻的印象。后来他于 1961 年留校任教,我于 1964 年留校工作。因为分别在不同年份下乡搞"四清",所以很少见到面。直到"文化大革命"开始,把我们从乡下调回后,我们常在一起参加学习和活动,互相才有了更多的了解。特别是在校内两派武斗期间,我住居的 19 楼集体宿舍被人占领,无家可归,就和田万苍、赖荣源等借住在靳兰征同志家中(靳兰征同志一家暂时离京回老家去,把家就交给我们了),与靳兰征相邻的石世奇家也住着多位与我命运相同的老师。石世奇同志像兄长一样在政治上和生活上关心大家。在如何对待当时复杂的形势问题上,他以稳健的风度、冷静的态度和共产党员的坚定信念,与我们一起分析、研究如何对待,充分表现出了他的政治智慧。"文化大革命"结束之后,我和石世奇同志一起主持经济学院的工作,他任党总支书记时,我做助手担任负责党务工作的副书记。他任院长时,我已任院党委书记,但他还一定要求我兼任副院长,帮他分担院行政管理工作。在工作中,我们相互支持、互相帮

---

* 丁国香,北京大学经济学院教授,1986—1997 年担任北京大学经济学院党委书记。

助。为了让他有更多的时间投入学术研究及教学工作,我也尽心竭力地为他分担各种具体、琐碎的事务。我们几乎每天都有一次或几次电话联系,许多事情,只要他把握好政策和方向,就放心放手地让我操作执行。在共同的事业中,我们之间建立了充分的信任和深厚的友谊。石世奇同志重病住院期间,我去探望他时,他还念念不忘我们搭档工作的情景,说了许多令我感动的话语。

为了纪念石世奇同志,特撰此文,以展示并学习他的高尚风范、奉献精神。

一、拨乱反正时,受命出任党总支书记

石世奇同志80年的生涯中,除了有5年在北京市委研究室工作外,其余工作时间都奉献在北京大学经济学院(系)。他一心一意地从事中国经济思想史的教学和研究工作,从没有想当"官"、做行政领导工作的愿望。但是,当经济学院的事业需要,不得不牺牲他许多宝贵时间,从事党政管理时,他欣然受命,担任经济学院主要领导,主持工作,一做就达15年之久。

经过10年内乱,1976年粉碎"四人帮"之后,经济系面临拨乱反正的重大任务。北京大学是"文化大革命"的重灾区,而经济系又是重灾区里的重灾区之一。"文化大革命"聂元梓掌权期间,把北大变成了"人间地狱",军、工宣传队进校后,执行四人帮的路线,继续打击知识分子。经济系原来的领导班子成员及老知识分子全部被打倒,被抄家、批斗,年轻的教职员也都被列为资产阶级知识分子,成为"改造"对象。"文化大革命"中在经济系制造了大批冤假错案。教师中就有4人,仅因议论了江青的历史,被打成现行反革命分子;多人被戴上"反动学术权威""历史反革命""漏网右派""特务""政治大扒手""走资派"的帽子,被批斗。有的被关进牛棚劳改多年;有的被开除党籍;有的被投进监狱。因各种原因被审查的人更多。在学生中,也有大批人被打成"反革命分子""牛鬼蛇神",被残酷打击迫害。同时,在师生中,由于对聂元梓、孙蓬一校"文化大革命"推行的政策所持态度不同,形成严重对立的两派,水火不容。

四人帮垮台后,以军、工宣传队为主体的校系(当时不称系,而称连)两级领导班子已完全瘫痪,日常教学及行政运转,完全靠老师及办公室一般工作人员自觉维持。学校一级,中央派遣了以韩天石为首的新班子,数月后进驻北大。系一级也急需新的领导班子主持工作。显然,各系不可能由上级派人来领导。在这种情况下,系里的一些教职工自发地、主动地议论起由谁来主持经济系的工作之事来。大家认为应该找一位原则性强、为人正派、有一定政策水平,并能团结两派群众的同志出任。许多同志都不约而同地提议拟请石世奇同志出山。我当时在党总支办公室工作,比较方便地听取、收集了大家的意见后,即到工地找正在轮流下放劳动的石世奇同志谈心,转达系里许多老师请他出来主持系里工作的意愿。一开始,他表示很不情愿。一是强调自己是搞教学和研究工作的,不愿做其他事情;二是强调自己正在轮流下放劳动,还未到期;三是谦虚地认为自己不善于做领导工作,怕做不好。我则反复动员,强调请他出来工作,是众望所归,是经济系事业的急需,是要求他做出牺牲和奉献,不能辜负大家的期望。他考虑几天后答复我说:"既然大家这样要求,那我就做着试试吧。"这样,我们才向学校报告,要求学校提早结束他下放劳动的期限,调回系里来主持工作。石世奇同志于1977年6月回系,担任了经济系领导小组组长,全面主持经济系的工作。在对系里的情况经过初步整顿以后,于1978年经正式选举担任系党总支书记,并连任两届,直到1984年。

石世奇同志在担任经济系领导小组组长及党总支书记期间,领导师生彻底改变了经济系的面貌,使经济系走上了新生。其主要表现如下:

第一,坚持耐心细致的思想政治工作和以和为贵的精神,消除派性,把全系师生团结起来。这是一件艰巨的工作。因为"文化大革命"期间,系里两派斗争极其激烈,而且伤害了不少同志,形成了很深的隔阂。不仅要做不同观点同志的工作,就是相同观点的同志,有的受过严重伤害,总以为要清算、要斗争,否则便认为斗争不力,是"右倾",因此,也要做他们的工作。石世奇同志力排各种议论,坚持以宽容之胸怀,采取认真说服、耐心等待的方法,逐步地将同志们团结起来,把力量集中用到教学和科研上。

为了做好团结工作,当然要分明是非,所以必须清理、批判四人帮及"校文化大革命"的错误。系总支认为,在"校文化大革命"时期及军、工宣传队时期,系里一些同志(包括军、工宣传队队员)犯了这样、那样的错误,但主要还是执行的问题,有的是因年轻,没有经验,做了错事。这些问题的账要算到四人帮及"校文化大革命"主要负责人身上。因此,在系里没有采取以往揪人斗争的方法,而是让他们和大家一起揭、批"文化大革命"及四人帮的错误,总结经验教训。在这个过程中,没有任何同志因在本系范围内犯错而被批斗受处分。即使对有一位在聂元梓、孙蓬一校"文化大革命"中任主要职位,犯有严重错误的同志,也没有急于做出处理,而是耐心做其工作,等待本人认识、改正错误;只是在做了多年工作之后,这位同志仍不承认错误,才做了组织处理。

第二,恢复教学秩序,使教学、研究工作走上正轨。新的党总支在石世奇同志的领导下,首先废除了"文化大革命"中的连、排;恢复了经济系的建制及陈岱孙先生的系主任工作职权,并配备了几名副系主任,加强教学、科研工作的管理。对在校生,加紧补课,弥补因政治运动耽误的课程;同时设计新的教学计划,为经过高考入学的新生的教学作准备。1978年2月、9月招入两届新生,教学工作非常繁忙,经全体教师努力,都顺利完成了教学任务,也为后来的教学改革创造了良好的条件。在这个时期,科研工作也活跃起来,发表的论文、著作越来越多。

第三,平反冤假错案,落实党的政策。在以石世奇为书记的党总支的领导下,经济系花大力气,彻底清理了在"文化大革命"中及历次政治运动中的大量冤假错案,为数十人撤销了处分、平了反、恢复了名誉,落实了政策。如在"文化大革命"中因议论江青历史,认为江青有野心而被打成现行反革命的叶逸芬等4位老师,获得彻底平反;对在"文化大革命"中被审查历史的老教授,一一做出了实事求是的结论,清洗一切不实之词,并给本人做了认真的交代,为被错误处理而被开除党籍的樊弘教授恢复了党籍;对因反对"校文化大革命"、批评聂元梓被打成"反革命""特务"而投进监狱的同志彻底平反,恢复了名誉;对大批在"文化大革命"中被打成"反革命""牛鬼蛇神"及在毕业鉴定中写有不实之词的学生都进行了平反、纠正;还有在"反右运动"中,经济系师生里被错划的"右派"及受牵连被处分的数十人,也得到了改正;在其他政治运动,比如反右倾、贯彻"三面红旗"(总路线、大跃进、人民公社)运动中被打成右倾机会主义分子、反动学生的人,都对其进行了平反,有的恢复了党籍,有的还帮助安排了工作;此外,还有不少党、团员在历次政治运动中被错误地进行党纪、团纪处分,也都重新为其做了结论,为这些同志解除历史包袱,使之为改革开放事业轻装上阵;甚至对中华人民共和国成立前因冤假错案而被迫脱党的于泽波同志,也经过反复调查,多次申报,为其落实了政策,恢复了党籍。

这是一项艰巨、细致、政策性很强的工作,党总支的同志以高度的政治责任感及对同志满腔热情的精神,日夜工作,既调查研究,又查看大量历史资料,圆满完成了这项工作。我从头到尾参与了这项工作,经手了所有案件的审校、讨论,并起草文件,所以对这件工作的意义有深刻的体会。这是一件功德无量的善事,为许多同志后半生的平安、幸福生活提供了保证,也为他们的子孙后代清洗了不白的疑虑。

二、经济学科大发展中,出任经济学院副院长、院长

石世奇同志担任两届党总支书记后,于1984年卸任。本来可以专心中国经济思想史的研究和教学了。然而,由于处于改革开放、以经济建设为中心的新时期,社会对经济类学科学生的需求激增,经济学科面临大发展的机遇及任务。全国各高校纷纷增设经济学科的新专业,北大经济系原来只有经济学、世界经济两个专业,也在1980年新增国民经济管理专业,并于1985年在北大最先成立了第一个学院——经济学院。经济学院的首任院长是胡代光教授,胡先生选定石世奇同志做他的副院长,帮助他主持教学、科研的管理工作。到1988年胡先生年事已高卸任院长之职,由石世奇同志接任院长,直到1993年。从副院长到院长,一干就是8年。

在石世奇同志担任副院长、院长期间,经济学院的教学、科研水平不断提高。特别是经济学院的办学规模、学科建设飞快发展。到他离任院长工作时,原经济学院已经发展到经济学院、工商管理学院两个办学单位。石世奇同志还提出并坚持了许多好的办学理念,例如:

第一,他提倡经济学院的教学内容、培养方法应实行"宽口径、原基础"的

方针。就是强调重视基础课的教学,为学生打好理论基础;同时多开设选修课,使学生学习的内容涉及得宽一些、深一些,以适应以后的工作需要。

第二,他强调百家争鸣,坚持北大兼容并包的传统。就是主张对学术上的不同看法,应互相包容、互相促进。在经济学院,往往同一门课程就有几种教材版本,如政治经济学一课,就有自编的三种教材、三种讲法。他们在学院都有大加施展的讲台。在经济学院的讲台上,不仅有马克思主义经济理论,还大量引进了西方经济学的相关课程,而且经济系传统的史论课程也得到了恢复和发展。

第三,他强调理论联系实际。在纠正了以政治运动冲击教学、下乡下厂过多过勤的错误做法之后,如何保持理论联系实际的传统,是石世奇同志经常考虑的问题。他强调教学要联系中外实际,并在教学计划中,安排一定比例的调查研究课程,例如安排学生去安徽调查包产到户的实践,到温州调查工业发展模式,到苏、锡、常调查苏南工业发展模式,等等。

第四,他强调教师必须教书育人。要求教师不仅要教好书,而且要以优良的师德影响学生。实行导师制,安排中、青年教师作学生导师、班级主任。因此,经济学院的学生求实、上进成风,学院政治稳定,秩序优良,被学校评为学生工作先进单位。石世奇同志曾自豪地讲:"这段时期,是经济学院学生工作最好的时期之一。"

三、在完成繁忙的党政工作的同时,抓紧学术研究和教学工作

石世奇同志于1961年留校后,即跟随赵靖教授从事中国经济思想史的教学研究工作。这个学科要求必须钻研古文,耐得住长期坐冷板凳的寂寞。经过几年的努力,他的中国经济思想史的学术水平已达到较高的造诣,开始在报刊发表文章,并参加赵靖、易梦虹主编的《中国近代经济思想史》(上、中、下三册)的编著。"文化大革命"之后,他在担任经济学院(系)党的书记及正、副院长期间,工作繁忙,责任重大,但他始终没有丝毫放松教学和研究工作。他作为副主编,协助赵靖教授,编写了《中国经济思想通史》(1—4卷)这部巨著,他还参与编写了《中国经济管理思想史教程》,发表论文数十篇。他的研

究成果和深厚造诣,对中国经济思想史学界产生了很大影响。同时,他坚守教学岗位,并带出了一批硕士和博士研究生。

石世奇同志深厚的学术水平不仅表现在学术著作、课堂教学中,在指导研究生论文以及论文答辩中也充分表现出他严谨的学风、深厚的学术水平及古文功底。他对学生论文中的每一句话、每一个字都抠得十分认真,使学生获益匪浅。

四、石世奇同志的高尚风范

石世奇同志虽然离开了我们,但他的优良品德、个人修养、高尚风范,是值得经济学院同仁永远学习的,也是经济学院的宝贵财富。

第一,不顾个人得失,无私奉献的精神。石世奇同志一生献身于教育事业,特别是在工作需要时,出任经济系、院领导工作长达 15 年之久,做出了重大贡献。他绝不是为了"当官",纯是在做奉献。

第二,克己助人、清正廉洁的品格。石世奇同志在任职期间,从没有为自己谋取丝毫私利和特权。他以院长身份接待外宾,有时收到一点微小的礼物,如一块手表,他都要交公。汶川大地震后,虽然他早已退休,收入不高,自费看病的负担又很重,但是他交的特殊党费却达 3 000 元之多,是所有党员中缴纳最多的人士之一。在 20 世纪 80 年代,大家的工资水平都较低,每隔几年会涨一次工资,但每次下达的指标只有 40%,也就是说,两个相同资历、相同条件的人中,只有一人能够获得增资升级的机会。这项工作要做到公平、公正是很难的。在这种情况下,石世奇同志不仅严格要求自己,而且要求干部要让群众,党员要让党外的同志,这样的做法使得每次调薪工作都得以顺利进行。他对己严格,对人则乐于帮助。解万英同志家中住房困难,生前正在调整住房,解万英突然去世,对其遗属的住房调整造成了影响,当时房产部门要求其家属缴纳一万元的分房费(当时规定,夫妇有一方在校外工作,必须缴纳此费)。而解家困难,无法缴纳,石世奇同志知情后,特殊批准,从经济学院发展基金中为其开支了这笔费用,使解万英的遗属得以安居乐业。

第三,淡泊名利、踏实工作的风格。石世奇同志坚持实事求是的思想路线,干工作从实际出发,从来不唯上、不唯书,对领导布置的工作总是经过周密思考后,结合本院实际,扎扎实实地落实。有段时间,忽而批"左",忽而批"右",石世奇同志从不随波逐流、不跟风,而是以实事求是的精神,来应对各种复杂的政治局面,处理好各种疑难问题,做出成绩,不张扬、不邀功争赏。这种不爱出风头、踏实工作的作风,已经形成经济学院特有的风格。对于这种风格,也许会有人不太喜欢,总以为在这里工作少受了不少表扬。但深入了解情况的领导,都对经济学院的工作及工作风格加以肯定。

第四,儒雅大度、对人宽容、平等待人的风度。石世奇同志无论是在顺境掌权时,还是在受到不公正对待、遭受曲折时,都保持着温文尔雅的态度,对他人一律以同志相称相待,最反对谄上欺下的坏行为。他从容淡定、宽厚待人,真正做到了不仅团结和自己意见相同的同志,而且团结与自己意见不同、甚至反对自己犯错了的同志。

第五,具有坚定的共产主义信仰和中国特色社会主义信仰。石世奇同志一生坚持共产主义理想,坚持个人利益服从党的利益,他为党的事业和经济学院的事业做出了出色贡献,是一位优秀的共产党员。他的思想、言论、行为,充分体现了一位光荣的共产党员的高尚风范。

2014 年 10 月

写给石先生的一份怀念

□ 刘 伟*

转眼间,石世奇先生离开我们已经有两年了,经济学院为怀念这位令人尊敬的老书记、老院长,特编辑出版这本文集,并邀我写篇纪念的文字,这是一件十分有意义的事情。

记得我们77级入学的时候,石先生任经济系党总支书记(1985年组建经济学院前的经济系党组织为总支),后来先后任过经济学院党委书记和院长,直到1992年卸去院长职务。在"文化大革命"结束后的拨乱反正时期,在改革开放新时期的特殊年代,石先生为北大经济学院(1985年前为系)的改革和发展,做出了极其重要的努力,付出了极大的智慧和心血,只要理解那段历史,就不难懂得其中的艰辛。当然,对于这些,我作为学生和刚留校的青年教师,当时并不清楚也不十分理解,只是到后来才逐渐有些体会。

作为学生,与石先生面对面接触较多的是在教室的课堂上,在我读书时,石先生给我们讲授中国经济思想史专题课。当时,这门课程由教研室主任赵靖先生主持,石先生主讲其中部分内容,战国后期的韩非子的经济思想,就是由石先生主讲的。我这个年龄的人由于受到"文化大革命"的冲击,没受过系统的中学教育,对中国旧学的知识更是不懂,但在那个特殊的年代,或是"批林批孔",或是"抑儒扬法",跟随大批判的时代潮流,支离破碎地接触到些许古代思想家的著述,对韩非子并不完全陌生,知道他虽是荀子的学生,但却不属儒家,善著书,有许多文章,后人将其集成《韩非子》,收录了55篇文章,成

---

* 刘伟,著名经济学家,中国人民大学校长,2002—2010年任北京大学经济学院院长。

为法家的代表作,形成韩非子独特的系统完整的法家思想体系。当然,知道的极有限,并且是出于开展大批判活动的需要去解读的。在石先生的课堂上,我才真正开始以学习的态度接触韩非子的思想,其中石先生特别提醒我们,韩非子的经济思想中有一重要观点不同于一般思想,即并不简单地强调"富庶",尤其是在其人口思想上,并不一味主张"庶",不是人口越多越好。据石先生讲,这一观点,在中国古代思想史上只有极个别思想家主张(除韩非子外,好像还有司马光)。在韩非子看来,过去道德水平高,"上古竞于道德",从经济的角度考虑,其根本原因是人口少,财富多,生活自然和谐,即大自然恩赐富足;"人不事力而养足",但若人口增长速度过快,土地却不会增加,大自然的恩赐不随之扩大,人们就顾不得讲道德,而要争夺,出现"当今争于气力"的局面。石先生的讲述引发了我对韩非子经济思想的兴趣,记得那个学期中国经济思想史考试,要求自己选择一个题目写一篇读书札记,我写的便是"韩非子的人口思想",交上去后,石先生在卷子上做了热情的肯定,原话我记不清了,只记得成绩是"5+"。

令我受益的、更重要的不是在课堂上形成了对韩非子经济思想的兴趣,而是石先生据此引发的讨论。他讲,在中国传统上主张人口适度的学者不多,在当代坚持这一点更不容易,他特别提到了北大老校长,经济系老教授、著名经济学家、教育家马寅初先生。1955年前后,时任北大校长、全国人民代表大会常务委员的马寅初先生在深入调研的基础上,写下了"控制人口与科学研究"的报告,在1957年先后召开的最高国务会议和全国人民代表大会会议上对其做出了阐述,并发表在《人民日报》上(1957年7月5日),他提出的根据社会经济发展的可能和客观需要,控制人口的数量和质量的一系列理论主张和政策举措,被人们称为"新人口论",引发了一场大辩论并由此招致严酷的批判。石世奇先生当时对马老的"新人口论"的内容是如何解读的,我已记不太准确了,但难忘的是他特别讲了马老在当时辩论中的一段话:我虽年近八十,明知寡不敌众,自当单身匹马,出来应战,直到战死为止,决不向专以力压服不以理说服的那种批判者们投降。至今,我对石先生当时肃穆的气度以及对马老坚持真理气节的崇敬之情记忆犹新,那是我在课堂上第一次听到关于马老的这段话,振聋发聩。

后来，读到一篇北大中文系著名教授、诗人谢冕先生写马老的演讲文字，大致讲的是在 20 世纪 50 年代谢先生入学时，马老正任北大校长，平时难得一见，偶尔在开学或毕业典礼的场合见到马老，马老总是这样一段开场白：兄弟今天多喝了几杯，讲话难免有不当之处，还望诸位海涵……给人印象应当总是微醺的。但唯独这位总是微醺的老人，在全国上下几乎都陷入狂热时，保持了特别的清醒。

看到谢先生的这段演讲，想起课堂上石先生铿锵有力的声音，我想，这才是真正的北大吧。北大的精神是用这些先生们一代一代的心血铸就的，也是他们一代一代口口相传的，我从心底敬重他们，感谢他们。

是为一缕怀念，或许不足道，但真希望石先生在天之灵能够看得到。

2015 年 5 月 18 日

弥足珍贵的终生记忆

——缅怀石世奇先生

□ 孙祁祥[*]

  时间过得真快,转眼石世奇先生离开我们已经两年多了。忙碌之间,我会时不时地想起先生。在我的心中,先生不仅是一位学术卓尔不群、风度仙风道骨的典型中国文人,更是待人诚恳、无私正派且责任感极强的为人楷模。

  说起来,我与石先生共同在学院的时间有23年之久,但严格说来,跟先生面对面接触的时间并不是很多。先生是我在经济学院读博期间的当值院长,但因为我不是先生那个专业的学生,因此无缘在课堂上目睹先生授课的风采、聆听先生的真知灼见和谆谆教诲,这是我的遗憾,我们甚至在一起开个研讨会之类的都没有,所以直到我快毕业的时候,都没有真正见过先生一面、同先生说过一句话,我甚至怀疑他未必知道我这个学生。

  大约是在1992年年初,在博士毕业分配的最后时刻,我突然听说不知何故,原定让我留校的决定要撤销,并且,我还不能回到原来考博前工作的部属重点院校,而只能分回原考地的其他地方院校工作。突然间的变故把我打蒙了,完全不知究竟何故。后来有知情人士悄悄告诉我,变故的原因是因为我在读博的第二年,一次陪导师萧灼基老师去见英国的BBC记者,在校南门上车时被人发现并反映到有关部门作为"污点"备案所致。实际上,那次是外国记者采访萧老师,萧老师让我和另一位师兄陪同,萧老师是单独去的,BBC另派了一辆车在北大南门口接我和师兄。而此事是事先经过学校外事部门的

---

[*] 孙祁祥,北京大学经济学院教授、院长。

批准而安排的,并非我们的擅自行为。

在我向有关部门投诉无果的情况下,我不得不冒昧地去找石先生。说实话,当时心里很忐忑,因为我感觉先生都不一定认识我。到了石先生家后,先生很热情地接待了我,我简要作了自我介绍以后,把事情的经过跟先生做了详细阐述。先生耐心听取了我的陈述后,拍案而起,说了一句:"真是岂有此理。"并答应尽快了解情况帮助解决。后来我又跟我爱人去向当时的国家教委有关部门反映情况,最终经过各方的努力,我的"冤案"才得以及时"平反"。之后我顺利留校,并且一直当老师至今。

如今事情虽然已经过去了二十多年,但当年石先生的那个举动和那句掷地有声的话语却永远沉淀在了我的记忆深处,让我感到无比的温暖和幸运。想当年,我与先生素昧平生,在听了我的陈述后先生甚至都没有说一句"我了解一下情况再说",而是如此地相信我这个他之前都不一定见过的学生。说实话,在当时那个背景下,为我一个穷学生"仗义执言"没有任何的个人好处,相反可能引来不必要的麻烦,这在当时的敏感时期是多么得难得!不过从这件事情也可以看到,我国改革开放以来发生了多么巨大的变化。20年前见个外国记者(甚至还是组织同意安排的)都有可能改变一个人的命运!

先生退休以后身体一直不大好,但我每次去看望先生的时候,先生言谈之中却很少谈及自己的病情和家庭情况,而是很关心学院里的发展,讨论学院面临的许多问题,并提一些具体的建议。我当了院长以后去拜访先生,请老院长传授经验,先生对我说:"我非常高兴你当院长,虽然我知道当初你对从政没有兴趣才选择留校当老师,但我们就是要让没想当官的人来当院长。"先生告诉我,"我当年是从北京市委调到北大来的,也没有想到自己会当院长。但既然当了,就要好好干。"先生的话语对我的触动和激励很大。后来,哮喘使先生的身体状况越来越差了,连楼都很少下,更别说外出了。我每次去看先生的时候,先生说话都非常吃力,喘得很厉害,有时还不得不吸着氧。但每次见到我都非常关心学院的教学、科研、师资队伍等各方面的情况。

2012年年初,先生再次住院以后,我去西苑医院看望他,先生的状况这时已经非常糟糕了,但即使这样,先生仍然不忘学院的发展,在病榻上写下了"1977年以来主持北大经济系工作的五点体会",托人交给了我。在这封字里

行间饱含着对经济学院深厚情感的信中,先生写道:

  一、和为贵。解决"文化大革命"中两派的问题以及历次政治运动形成的矛盾。二、百家争鸣。即现在常常讲的"兼容并包"的北大传统。1979年以来忽反左忽反右,同志们难免把这位称作"老左"、那位称为"老右"。我们认为除个别人反对改革开放外,个别人有意见也是对改革开放持不同看法,应该包容。三、宽口径、厚基础。就是希望学生学得深一些、广一些,以适应以后工作的需要。为此删去一些课程,增加一些课程,以适应不同口径的工作。四、理论联系实际。主要是当前的中外现实,有条件鼓励师生去调查研究。五、党政关系好。当时"政"由陈岱老、胡代光老师负责,他们是我的老师,但对我非常尊重,我对他们敬重信任。教学工作会上决定后,他们放手让我去执行。教学上进步,主要是他们做的。丁国香作为主管党务工作的副书记,几乎包了党务工作的全部,还有其他一些同志如系办公室主任董文俊等,对我的工作有帮助,使我能继续上课做些研究工作。我感谢这些同志。以上在1993年我卸任院长时讲过,主要是1977年至1984年任总支书记时做的事情,这次增加了内容,以纪念北京大学经济学科创立110年以及北京大学经济学院(系)100周年。祝北大经济学院越办越好,人才济济,成为全世界最好的经济学院。

石世奇(80岁)于病榻上
2012年2月1日

  我给先生回信说:"看了您在病榻上写就的文字,我感动至极。您在文中所提到的五点体会对我们今天的工作具有非常重要的意义。从我做学生起到留校当老师,您一直是我极为敬重的先生。您用自己的言行诠释了教书、育人的真谛;彰显了正直、善良的人格。我衷心祝愿您能战胜疾病,早日康复。让我们在百花盛开的五月,共同庆祝百年经院的盛大节日。"

  然而,先生没能等到他挚爱的学院100岁生日的那一天。4月6日,先生不幸辞世。当天正好是学院大会,我正在主持会议时,办公室的老师匆匆过来告诉了我这个噩耗。我听了以后,禁不住泪流满面,即使我已经有了预感,但我不愿相信,也不敢相信,先生真的离开了我们。

"有的人活着,他已经死了;有的人死了,他还活着"。每每想到先生,我就想起诗人臧克家的这句话。先生是一面镜子,照着"它",我不敢渎职、不敢懈怠;不敢自满、不敢骄傲。我自知很难达到先生的那个境界,但我会以先生为榜样,努力做一个称职的老师,做一个合格的管理者。我想,这是我们对先生最好的怀念和告慰。

先生走了,但他永远、永远活在我的心里。

2014 年 9 月 6 日于蓝旗营

春天里的石世奇老师

□ 平新乔[*]

"清明时节雨纷纷"。去年那个清明,石世奇老师离开了我们。冬去春来,今又清明,我对石老师的记忆永远定格在春天里。

石世奇老师不是我的专业导师,我在北京大学也没有注册过他的课。但在我心里,石老师是一位值得尊敬的恩师、严师,是一位慈祥的长者,值得我终身学习。

一、书房里的会见

我是在30年前的1983年的清明节后收到了北京大学经济系的研究生入学面试通知。4月下旬来北大面试的第一天,在四院114室遇见了石世奇老师。那一年他51岁。清瘦、精神、干练,这是石老师给我留下的深刻印象。

那一年,在北大研究生的录取过程中,我遇到了政审的阻力。石世奇老师时任北大经济系党总支书记,主持全系工作,当然也主持研究生录取工作,实际上是决定是否录取我的最后拍板人。我当然不知道系里领导是如何讨论我的录取与否的,但是从我得以录取的结果来看,根据系里派出陈为民(后来继任经济系党总支书记)和董文俊(系副主任)两位领导专赴上海到我的几个工作单位调查我的问题的事实推测,我明显地感受到了北京大学对我的善意。否则就不必派人来上海调查,取消录取就是了。派人到上海,而且两次

---

[*] 平新乔,北京大学经济学院教授。

派人到上海调查,说明北京大学在争取我。因此,当我得知北大派人来上海调查时,便决定自己再到北京大学跑一趟,面陈我的情况。

我是在8月15日经朋友帮助坐上北上的列车到京的。在北大见过陈岱老以后,岱老指示我找石世奇老师面谈,并为我拨通了石老师家中的电话。于是,我就接过陈岱老写的石老师家住址的纸条,登门拜访石老师当时在中关村科学院宿所楼里的家。

中关村里北大教师的宿所是与中国科学院员工的宿所混合的。石世奇老师的家在某楼二层朝东的一小套房子里。进门后,石老师很客气地把我迎进他的小书房。

这小书房是一条型的小间,长才两米多点,宽不过一米出头。长边的墙正好让石老师置放了两个高大的书架,临窗放了一张桌子,桌后的椅子已紧挨着墙,桌子右侧是一个方凳。大书架上整整齐齐地放着二十四史和其他书籍,一看就知道书籍的主人是搞历史的。书架上一尘不染,透出室主人爱书、爱洁、爱整齐、有条不紊的气质。方凳背后,与窗口同一侧的半面墙又置放了一个小书架,书架旁边还有若干纸箱,估计里面仍是书。三十年过去了,今天我提起笔来,石老师的小书房所充盈的书卷气息仍然是鲜活的。

我在拜访石老师之前是知道石世奇老师的学问的。70年代我读过(实际上是大段大段做过卡片)赵靖、易梦虹、石世奇合著的《中国近代经济思想史》,知道石世奇老师对洋务运动的思想有过专门的研究。但是,那天来石老师家里面陈,是向党组织汇报我的经历,以争取北大领导对我的支持。石老师十分温和地为我沏了一杯绿茶,让我陈述,没有显出一丝一毫的不耐烦。

听完我的陈述,石老师平和地对我说:"我们已于6月份发出了对你的录取通知书,现在由于上海方面有人告你是罗思鼎(上海市委写作组)的骨干,才又派人去上海核实。现已查清,你只是上海市委写作组举办的《资本论》学习班的一名学员,不是上海市委写作组的正式成员,更不是骨干。你只是受'四人帮'的思想影响,但是没有发现你与'四人帮'有组织上的联系。至于知识分子要与工农相结合,这一条现在仍然要坚持。"

石老师知道我之前两次考研由于政审过不了关而未录取的事。他坚定地说:"这里是北京大学,北京大学会对一个考生负责的。而且,现在已经是

1983年,据我们了解,你当年学习成绩不错,1978以后这五年的工作表现也不错。"然而对于我的录取是否会取消?这是我最关心的问题。石老师告诉我,"现在第二次赴上海调查的同志还未返回,所以还不能给你完全确定的答复。但是,如果在8月底你没有收到北大取消录取的告知,那你到时还是前来办理北京大学的报到手续。"

石老师话不多,却十分严肃。撇开我的录取问题不谈,他对我的问题已经完全立足事实,看得清清楚楚,分寸感掌握得恰到好处:有批评、有教育,也有保护和澄清。并且,石老师个人对我的态度是和善的,他是倾向于给我这个上北大学习的机会的。

我回到上海后,没有接到北大取消录取的告知。于是,在8月底,按石老师所说的,前来北大报到。为我接站的,恰恰是赵靖和石世奇老师合带的研究生肖麟。从那至今的30年里,石老师从未向我讲过经济系是如何讨论我的录取过程的,更没有向我说过是谁写信告我的。我也从来不问,我当时的态度很明确:只要北大让我学习一天,我就好好用足这一天,把每一天都当成是在北大的最后一天来用。后来,我只是间接听人说,石世奇老师当时动员了他59级的同班同学靳兰征老师来帮助我:靳兰征老师先生的弟弟时任我的工作单位——上海体育学院——党委组织部长,靳老师写信给这位组织部长,让他在北大赴上海调查时放过我,让我来北大学习。但对于这一切,石老师从未对我细说。就这样,我在北京大学经济系(后来的经济学院)待了下来,一待就是30年。

这里必须说明的是,当时在帮助我进北大学习的过程中,北大经济系几乎动员了能够调动的所有社会资源来让我过关,在这个过程中我有许许多多的恩师。因为此文是悼念石世奇老师的,所以这里主要讲石老师的故事。坦率地说,我并不是什么杰出人才。30年前北大经济系要是不录取我,也不是什么过失,对我更算不上什么冤枉。但是,北大抬一下贵手让我进来,就给了我一个千载难逢的学习机会。从1983年至今,我就一直沐浴在北京大学温馨的气氛里,受到陈岱孙、厉以宁等一大批名师的指点,经受了现代经济学的洗礼。

二、院长风范

我于 1985 年在北大硕士毕业后就直接留校任教。那一年的 5 月,北大经济系已转而成立经济学院,石世奇老师出任经济学院主管教学的副院长。1988 年秋起,石老师又接任经济学院院长职务。我除教学、科研工作以外,还兼任两份社会工作:一是做石世奇老师的教学秘书,二是做经济管理系系主任厉以宁教授的科研秘书。这样,在我 1985 年 12 月至 1989 年 12 月赴美留学的四年里,我与石世奇老师有了较多的工作上的接触。

石老师在主管教学工作时,主抓排课。当时经济学院下设三个系,每个系都有一定特色的专业课,石老师主张:不管哪个系的学生,必须上 12 门经济学院的必修课:数学、英语、会计、统计、政经 I、政经 II、微观、宏观、货币银行学、财政学、国际贸易、国际金融。这个课单其实包括了 70 个学分,相当于本科生一半的学分。按这张课表教出来的学生,经济学的基础是比较全面的。石世奇老师让每个系出这 12 门课程的任课老师,由院里再统一协调。每学期,我都会跟随石老师,见证他找一个一个任课老师谈,落实经济学院这 12 门必修课。实际上,石世奇老师是点着名指定某系某人上某门课,他微笑着说,这样定我才放心。

1987 年清明节前后,石老师带上我去南开大学参加教育部直属 7 所大学(北京大学,中国人民大学,南开大学,复旦大学,厦门大学,武汉大学,吉林大学)经济学院院长会议,会议由教育部社科司召集。会议讨论的主题是国际经济学专业的建设,召集者的意愿是要将当时以服从外交需要的国别经济学转变为国际经济学。我知道石老师是为了让我开拓眼界才带上我的。这次出差让我有幸与石老师同住一室,晚上就有机会听他聊聊一些往事。他给我说起北京大学 20 世纪 20 年代到 50 年代初的一些大教授,尤其对周炳林、赵廼抟后来被边缘化感到非常沉重。在这次会议上,我认识了人大大名鼎鼎的黄达教授(当时是中国人民大学校长),南开的谷书堂教授,武大的谭崇台教授等学界权威。石世奇老师在会上温良恭俭让,同时又为北京大学经济学院争取到了国际交流的学术资源。石老师带上我参加这个会议,对于我个人来说是大有好处的,这让我在全国7所大学的经济学院院长心里挂上了号,以后在北大推荐我为"美中经济教育委员会"下属的留美计划的候选人时就很容易得到中方这7位院长的认可。

我当时正在给84级、85级学生开"财政学",所以带了几本书跟随石老师赴天津南开,晚上就在招待所房间的台灯下备课。石老师对我是非常支持的。他说,他是主张北大的毕业生留校做北大的老师的,因为北大招来的学生是最优秀的,这些人如果不及时留住,到外边遇上什么风浪受点挫折,可能一辈子的才华潜力就毁灭了。石老师鼓励我写好财政学讲义,争取出版。后来我这份讲义果然由上海三联书店出版了。

石老师重视一个人的真才实学。就在与石老师合住的那两个晚上,有次我突然说起自己非常喜欢北大历史系李培浩老师的《中国通史讲稿(中)》。我说,虽然李培浩老师在书上署的职称是讲师,但在我心中,李培浩老师书中透出的学问堪比大教授。石老师听了很高兴,说他与李培浩是好朋友,李培浩是邓广铭的学生,是北大历史系中国中古史的传人,可惜英年早逝。石老师还说,北大在80年代汇集了一大批50—60年代成长起来的中年教师,但北大的教授名额有限,许多"讲师"的学术水平其实早就是教授了。在北大工作,就要甘坐冷板凳,不要太在乎教授头衔。

1988年8月,石老师把我叫到他家里。他的家早在1983年年底就已从科学院宿所楼搬至北大中关园新盖的48楼403室,一套小三居。这在当时已经是比较舒适的了。但他那三间房,大女儿刚成家住一间,小女儿住另一小间,石老师的小书房反而没了,他把书房与卧室合在一起,他那心爱的二十四史只好委屈装箱放在了床底下。到他家坐下后,石老师又给我沏上茶,然后告诉我,学校领导来经济学院民意测验,经上级决定由他出任胡代光先生卸任后的经济学院院长职务,并由他"组阁"。他让我给他提副院长人选。我哪敢提什么建议名单?只是希望院里多招一些像曾毅、林毅夫那样的人回来。

我记得石老师这一届院班子是在1988年9月底上任的,新班子上任的教职工大会是在二教101教室召开的。这一年石世奇老师56岁。他是专门研究中国经济思想史的,但他努力创造条件,启用林毅夫、曾毅这两位当时已经脱颖而出的西方经济学教育背景杰出人才。

在林毅夫1987年回国后不久,石老师就告我,院里聘了林毅夫做北大兼职副教授。1987年11月,由石老师出面,请林毅夫在芝加哥大学的导师舒尔茨教授来北大办公楼礼堂做讲演。林毅夫充当翻译,石老师坐在主席台上,当面感谢舒尔茨教授为中国、为北大培养了一个林毅夫。1988年春,石老师多次与林毅夫商谈,在北京大学经济学院成立"中国经济研究中心"。石老师要我参与院里与林毅夫的商谈,并要求我帮林毅夫起草"关于成立北京大学中国经济研究中心的报告",送达北大校长丁石孙。这一年9月,自石世奇出任经济学院院长以后,成立"中国经济研究中心"的工作就步步推进。石世奇院长直接带领经济学院党政班子、林毅夫、朱善利、孙祁祥与我,去丁石孙校长办公室面谈,由林毅夫向丁校长直接面陈成立"中国经济研究中心"之必要,林毅夫提出了搭建新的平台以迎接海外经济学留学生归来做教学和科研的设想。这个"中国经济研究中心"计划与后来的北京大学中国经济研究中心(CCER)是基本一致的,只是当时石老师心中的研究中心是与北大经济学院为一体的。

石世奇老师对曾毅的安排同样是竭尽全力的。1987年曾毅回国时,北大没有什么房子,以至于一些理科院系的领导提出"房子就是人才"。为了让曾毅安心工作,石老师和院里好不容易到学校要到了55楼二间筒子楼的两间房间。当时的北大人口所,是经济学院的人口所,相当于经济学院的一个系级单位。石老师当时是一手抓住林毅夫,以筹备"中国经济研究中心";另一手与人口所所长一起抓住曾毅,以更新北大人口经济学的人才队伍与学科结构。

除了抓"中国经济研究中心"的筹备和人口所的学术国际化以外,石世奇老师从1987年起就直接打"剑桥"牌:依托在剑桥大学留学的北大经济学院的盛宇明及其先生,直接开展与剑桥大学三一学院经济学系的学术合作。这项合作先后经历了两年多的时间。北大方面接待了剑桥大学派出的辛格(Singer)(高级讲师)讲学(共7周),并接待了约翰·伊特维尔(John Eatwell)教授一行。作为交流,石世奇副院长等在1987年年底访问了剑桥大学。剑桥大学方面还争取到了英国政府的资助,安排几位北大经院的青年教师访问剑桥,或者到剑桥攻读博士学位。

1988年的清明节前后,又一个明媚的春天,我出席了石世奇老师欢迎约翰·伊特维尔教授的家宴。约翰·伊特维尔教授是当时1987年出版的《帕尔格雷夫经济学大词典》(第二版)的第一主编,是国际一流的经济学家。家宴在石老师家中不到7平方米的小客厅里举行。石老师的夫人王老师(北大图书馆系党总支书记)下厨,石老师、约翰·伊特维尔坐主席,韩实(经济学院国际经济学系教员、兼经济学院外事秘书)坐在石老师和约翰·伊特维尔之间做翻译,这边是我与石老师的女婿(清华大学的留校博士)坐在一起。韩实英文好,一顿饭全没吃,全神贯注于翻译了。我静静地听着石老师与约翰·伊特维尔之间的交流。石老师当时最关心的是,怎么样让北大经院的老师像世界一流大学的老师那样做研究,他希望北大经院能够获得剑桥大学出版社的赠书。那个饭桌上的石世奇老师的神态我至今仍然记得:充满希望、坚定、透明、儒雅、自信、公正且廉洁。须知,石老师当时的月工资才区区百十来元,他不用公款请客,而是以自掏腰包、夫人下厨做菜的方式接待了世界一流的经济学家,让客人感受了当时中国大学中那股清新向上的春风,同时又让客人深入了解了中国人的家庭文化。

三、心系学生

石世奇老师对我个人的栽培和提携是多方面的。

能够做他的教学秘书,当然是由于石老师亲自点我的名。对我而言,尽管要多跑跑腿,但跟着石老师学,让我一个一个拜识当时北大乃至全国的经济学大师,实在是一种幸运。

1987年,院里领导提名让我与刘伟、张国有一起,攻读经济学院在职博士生,刘伟跟萧灼基教授读,张国有跟闵庆全先生读,我的导师是胡代光先生。我知道这是院、系领导对我的又一次栽培,其中一定也包含了石老师对我的殷殷期望。

1988年年底,石老师这一届院领导班子上任不久,《经济科学》杂志编委会也面临换届,陈岱老卸去主编一职。在考虑新的编委会时,石世奇老师力荐我进入编委会。他在私下给我谈过。后来我果然被选入做了一年的《经济科学》编委会委员,在新主编刘方域教授的领导下,我参加了两期编委会工作,经历了看稿、审稿、请人改稿、最终录用稿子的过程,这是一个很好的学习机会。

  1988年我已经上了胡代光教授的博士研究生,由于专业是"当代西方经济学",我很想到"当代西方"去体会一把经济学。石世奇老师很了解我的这个心思,在与剑桥大学建立学术交流联系时,他建议我去剑桥交流。但在私下征求我个人意见时,我本人更偏好于去美国学习。石世奇老师就想办法安排我去美国进修。他通过我们学院的洪君彦老师和国际政治系的袁明老师帮我联系,前前后后给我安排过三次,最后让我获得美中教育交流委员会的资助,去布朗大学经济学系做一年访问学者。洪君彦老师在美国亲口对我说过,我的出国学习,背后是石老师推动的。

  石老师之所以如此关心我,不遗余力地给我学习、进修的机会,是希望我们这批人迅速地成长起来,在学术上接上老先生的班。我自1985年在北大硕士毕业留校以后,相继开出"经济发展的国际比较""财政学"和"中级微观经济学"课程,背后最有力的支持者是厉以宁教授,在院里也得到了石世奇老师的认同。那时我已经尝试用微观经济学的理论来分析中国经济的一些问题,每年自己写的,以及与刘伟合作研究的,可以发表十来篇论文。石世奇老师在私下里给过我许多肯定。我老老实实地对他承认,以自己当前的学术积累,已经写不出更好的东西了,再写就只是重复地增加量,与林毅夫、曾毅这些洋博士相比,我有许多不足。希望自己再次充电,有一个系统的提升。石老师真的为我争取了可贵的学习机会。我记得自己赴美留学的日子是1989年12月27日,那个时刻的北大要批准一个教师去美国留学,口子是把得非常紧的,会遇到许多关口。但是经济学院的领导和石老师为我大开绿灯,其中又动用了石老师与历史系党总支书记出身的时任北大党委副书记的郝斌个人之间的互信资源。

  我在美留学期间,石老师会经常给我写信,除了关心我的身体和学习外,也会谈一些院里的事,流露出一些他的心事。譬如,1992年春,他在一封来信中希望我回来,说院里缺少能开研究生微观经济学的老师。石老师写道:"刘文忻老师1989年秋从英国回来,还未休息,就接研究生的微观经济学课程,结果累得得了心肌炎,我很对不起她。"这些信我回国时没有带回来,现在悔之晚矣。

石老师会为每一个经济学院的青年人的成就感到高兴。并且事实上,每一届经院必定存在让石老师感到骄傲的学生。1992年夏天我回国,去见石老师,他向我说起周黎安:"才25岁,刚硕士毕业留校,助教,去给高校教师进修班讲课,一堂课下来,把这些大学老师全震了。"石老师这时又会说起他那套留住北大学生的理论:哈佛大学没有留下萨缪尔森,后来一直是后悔的。

2011年的春天,还是在清明节前后,我去看望石老师。这是他离世前的倒数第二个春天。那天我向他汇报,近年来北大经院本科生申请美国留学的结果不大好,美国顶尖大学经济学系的奖学金给兄弟院校的申请者拿去了。北大经院再次面临挑战。石老师听了很揪心。他晚年得的是支气管病,靠吸氧帮助呼吸,与人说话就得拔掉氧气。我不便多打扰,就告辞了。但在我骑自行车回北大东门的路上,口袋里的手机响了,掏出一看,原来是石世奇老师。我以为是什么东西落在石老师家,接起电话,只听石老师在电话那头大声说:

"平新乔,学生申请成功的关键是推荐信,要找易纲,请易纲帮助北大经院的本科生推荐!"

我可以听得出,石老师在电话那头说这几句话时,他原本苍白的脸一定憋涨得通红。这是我们久病的老院长为了心爱的学生,所发出的最后的吼声!

易纲,这位1980年被北大经济系送去美国留学的学生,是北大经济系、经济学院、也是石世奇老师的骄傲。而石老师在他生命的最后的日子里所关心的,仍然是如何让北大经济学院的学子们一代一代地出像易纲这样的领军人物。老院长的耿耿之心,溢于言表。

我不会忘记石世奇老师在春天里对我留下的这个嘱托,会尽全力以自己的余生为北大经院的学生服务。回顾一下石世奇老师从1977年5月任北大经济系党总支书记,到1993年卸任经济学院院长,经历了16年。在这16年间,北大经济学系(院)一步一步地走向经济科学的现代化。石世奇老师的特点是保护人、做好人、善待人。在他在任期间,经济学院没有散,没有分,保持了经济学院的元气。他临终前对我说过:"我这个人没什么,只是一贯的'右'。"这个"右"字,实际是尽可能地保护人,包括保护像我这样有过过失和错误的人,甚至当我有冒犯之后还能待见我、容纳我、关心我。这就是石世奇老师,一个真正的正人君子!

  在石世奇老师逝世一周年的这个清明,我真觉得,石老师所说的这种"右",在北大是太需要了。在北京大学,我们这些教师,其实就是草木和芦苇,需要像石老师这样的园丁来细心地加以看护。北大人的可贵之处就在于其能代表时代的精神、代表人民的良心,勇敢地反抗任何形式的专制和愚昧。但是,知识分子又只是芦苇和杂草,本身是极端脆弱的,因此非常需要像石世奇老师这样"一贯右"的人来保护我们,让我们有一片相对安宁的气氛做做学问。清明之际,我感恩于石世奇老师和北大经院对于我30年的保护与栽培,感恩我所有已经逝去的先师,争取做好一根会思考的芦苇。

2013 年 4 月 4 日清明

是同窗,胜似兄长

——永存的记忆

□ 赖荣源*

一、传奇故事的记忆

2003年,北大经济学院56级老同学在江西省南昌市聚会,结伴畅游了革命圣地井冈山、风景名胜庐山和著名瓷都景德镇,大家情绪十分高涨,在回程火车的车厢内围成一圈,你一言我一语地打开了话匣子。我们从北大毕业已四十多年,此时同窗五年所发生的,如烟般的屡屡陈年往事,一时"被激活",成为大家争相讲述的热门话题。大家怀着纯真的同窗情谊,纷纷道出当年在燕园读书时,发生在我们身边鲜为人知或令人难忘的人与事。在这种彼此诚挚交流情感的热烈氛围中,我也乘兴"坦白交代"当年我的一件鲜为班上同窗知晓的事情,那就是我在反右派运动中的一段境遇和心路历程,一桩与当时班上第一个党支部书记石世奇同志密切相关的特殊"隐秘"。

隐秘的问题材料

当年我对反右派运动很不理解,在相当长的时期内抱有很大的抵触情绪,直至反右派后期,在群众性双反运动自我检查活动中,我响应"向党交心"的号召,写了长达十四页万余字的材料,如实地详细陈述了自己的思想状况:对当时的一些右派言行有不同的看法,认为对他们在"鸣放"期间的言行,没

---

* 赖荣源,北京大学图书馆研究员。

有按照原定的"助党整风""言者无罪"的精神加以区别对待和具体分析,对一概将其断定为具有反党、反社会主义乃至反革命的性质和主观动机的行为感到疑惑不解,认为有先入为主,主观失实之嫌;进而认为反右派斗争的辩论和批判会缺乏以理服人的精神,没有贯彻"惩前毖后,治病救人"的政策方针,认为有以势压人,一棍子打死之嫌。

基于当时的思想认识及回国前养成的思维和行为习惯,我私自"认为自己年轻,回国后生平第一次碰到这样'生动活泼'的运动,可以放任自己在这个运动中'自由锻炼'"和"独立思考,力求自己明白事理",这样"满可以不去动手动嘴而只动脑筋,慢慢地、仔细地思考问题,不忙做出对问题的看法和结论,干脆用自己的'客观立场'去'深入观察研究'大字报和辩论会。""我完全沉溺于这些活动中,可以说那段时期是我有生以来思想活动的'日日夜夜',在思考问题中度过了无数'不眠之夜'。""我的思想活动基本上是陷于极度紧张、杂乱的状态,往往重复循环,有时已解决了的问题,却突然又搞不通,而未解决的问题,却有时一下子就明白过来,总之是矛盾百出,至今是否已彻底解决了呢?我实在不敢说是已经解决了,因最近一礼拜的思想又有些混乱,整理不出头绪。"正是这种思想状态促使我"在任何(辩论或批判)会上连一次掌也没鼓过,只是在一旁冷静地观察与思考双方的争论。""由于思想上仍搞不通,所以我不愿在北大学生(关于积极投入到反右派斗争)致全国大学生的信上签字,因我仍不理解和没法接受信中的内容。"

富有人格魅力的传奇

我正是在这种政治思想上充满矛盾和纠结的状态下,抱着向党交心的意愿,将这份陈述自己对反右派斗争问题的真实想法和看法的汇报材料交给了班党支部书记石世奇同志。在当时的历史条件下,这份材料显然是一份典型的可供批判的反面材料,按规定是要存档备案的,可能会对我采取极为不利的后续处理办法。但是,我万万没想到,石世奇同志看了以后,并没有按照惯例上交给上级领导,而是悄然还给了我,并特别嘱咐我自己保存好。随着时间的流逝,在我身边保存至今的这份文字材料,已成了我一段心路历程的"个人写真集",成了发生在我和石世奇两人之间的一桩隐秘的历史见证。

2003年,在聚会之后回程的路上,56级同窗好友听了我的这一段讲述,都感到意外惊奇。此前他们对此事毫无知晓,想不到当年我在反右派运动这一大是大非的政治问题上,藏有连身边同窗都觉察不到的大"秘密"。他们有的半开玩笑地说,我这当时班上的小字辈(中学毕业生,不同于年纪较大,阅历较深的调干生)竟能"狡猾"地藏而不露;有的说我是十分幸运,当时没有被波涛汹涌的反右浪潮吞没掉,算是"逃过一劫";有的还说石世奇同志那样做并非偶然,那时他也保护了同窗中许多其他涉世不深的小字辈。

　　看来我谈的这件事似乎给大家留下了很深的印象,一位同窗好友后来在一次通信中还特地谈及此事,写道"此次江西之行实在是太好了,也是毕业后相聚最长的日子,今后不知何时再能相聚了。听你讲了一些过去从未言及的往事,看来你还是一位颇具特色的传奇人物,这是我万万没有想到的。"其实,我认为将这位同窗在信中做出的评价用于评价石世奇同志在反右派运动中的举动更为适合和贴切得多,也更有意义。当年他在我的这个问题上做出的举动,这一"过去从未言及的往事",确实可视为在反右派运动中罕见的一个"传奇",他本人也可当之无愧地被称为"一位颇具特色的传奇人物",而这一切也是人们"万万没有想到的"。一言以蔽之,当年如果没有石世奇同志做出的"传奇"式的举动,我的所谓"传奇"式的故事也就无从说起了。

　　回忆这段经历,我认为正是当年石世奇同志在特殊复杂的历史条件下,在关键时刻做出的这一"传奇"式的举动,使我这一涉世未深的归侨学子得以"幸免于难"。实际上,当年石世奇同志作为党支部领导,坚持实事求是的党性原则,心胸坦荡,敢于仗义执言,据理力争,尽力保护班上那些曾发表过激烈言论的同学,尤其是那些小字辈,使他们得以"过关",免于被划定为右派的命运。需要提出的是,石世奇同志的确为此遭遇了"很大的风险"。在反右斗争运动后期,进行整党时,56级党支部被批评领导右倾,斗争不力,没有落实上级要求,右派划得少,划得晚,石世奇同志受到党内严重的警告处分。难能可贵的是,石世奇同志遭受到这种错误的不公正待遇之后,却能够表现得"忍辱负重",淡定从容,无怨无悔,不计较个人得失和名利,一如既往、始终积极地发挥着共产党员应有的作用。

二、后续故事的记忆

石世奇同志在反右派运动中展现的坚定的党性原则和博大的人文情怀给我们56级的同学们留下了极为深刻的印象。他高尚的人格魅力像一块磁铁,具有特别强的凝聚力,始终对我们大家具有特殊的吸引力和影响力,不论是在五年同窗的求学时代,还是从学校毕业各奔东西走上工作岗位以后,我们大家都将他视为我们56级大家庭的老大哥,政治思想品德上的精神榜样和人生道路上的领军人物。

大学同窗五年

我和石世奇同志同窗五年,他作为调干生老大哥,和像我这样中学毕业直接考入大学的小字辈,在年龄和阅历上差异不小。入学之初,他还曾风趣地给我们这些小字辈起了一个雅号——"金童玉女",看来他是将我们这些小字辈视为天真无邪、心灵稚嫩的年轻学生,认为需要给予关怀和呵护,后来的经历证实,他确实做到了这一点。在反右派运动中,他对我的问题材料非同寻常的特殊处理,像是一只无形的援手"瞒天过海",帮助我"蒙混过关",使我得以免遭沦为所谓"反右补课"对象的厄运,同时也解除了此后在各项运动中头上要顶着"漏网右派"的无形帽子的后患。反右派运动的这番境遇,使我能够"有惊无险"地迈过了自己成长过程中的第一个重要关口,能够"轻装上阵"继续走好我的人生道路。从此,我也将石世奇同志视为完全可以信赖的知己,一位胜似兄长的同窗好友,只要在学习、工作和生活上遇到问题和困难,我都乐于找他交谈商量,请他"答疑解惑",而他每每都能给予我悉心的关怀和全力的帮助与鼓励。

从大学本科开始直至退休以后,我一直乐于找机会就我感兴趣的国内外形势、党的方针政策及相关的时事问题跟他倾心探讨,谈自己的心得体会和看法,并和他交换意见。从他那颇具真知灼见的谈话之中,我经常能够得到有益的启示,思想认识上也能够得到新的收获。大学毕业前夕,随着我在政治思想上的不断进步,对自己入党问题的考虑也日臻成熟。而此时石世奇同志虽已调离56级,留系任教,但我还是像以往一样,首先找到他,将我的入党申请书递交给他,他也一如既往地充分肯定了我的进步,热情鼓励我在留系攻读研究生学位的学习阶段,再接再厉,争取早日加入党的革命队伍。

"文化大革命"的非常时期

1966年年初,我作为世界经济专业的首位研究生,毕业后留系以补充经济系的教师队伍。不幸的是,我毕业赴任之际正值"文化大革命"前夕,全校乃至全国都被笼罩在"山雨欲来风满楼"的险恶氛围中。我到任不久,在教学岗位上还未起步,便迎来了北大所谓的"第一张马列主义大字报",北大顷刻之间卷入了"文化大革命"的漩涡之中,成了"文化大革命"的重灾区,遭受到了空前的浩劫。在"文化大革命"期间,北大校内和各系内部普遍出现了两派之间的分歧和斗争,在学生、教师、干部和工人之间形成了错综复杂的关系,出现了很多纷争。当时在经济系,我作为刚上任不久的青年教师,对系里教师队伍的历史状况和人际关系都不甚了解,对运动中出现的相关问题不好"表态"和"站队"。遇到这些场合,我往往像过去一样,乐于找石世奇同志请教,了解具体情况,密切交换意见。每到这种时候,他都能向我全面客观地介绍和分析相关的人和事,坦诚表示自己对这些问题的态度,表现出他一贯的行事作风:实事求是,遇事冷静,待人处事稳健,勇于和善于主持公道,避免偏颇倾向。这些处世之道给予了我很多有益的启迪,有助于我实事求是地看待"文化大革命"期间和此后拨乱反正时期出现的种种现象,以及正确处理相关的问题。在"文化大革命"后期,派性斗争演变成了武斗,我们被从单身集体宿舍赶了出来,变成了无家可归、无处栖身的人。这时石世奇同志毫不迟疑地将我和另一位青年教员及时接到他的家里,腾出一个房间给我们住,而自己一家四口则挤在另一个房间,解决了我们的燃眉之急。乱世见真情,此时此刻我们心中倍感温暖。

改革开放新时期

改革开放初期,当时的经济系"百废待兴",新设置的"经济专业英语"课程难以物色到适合的教师,面临无法开课的"危机"。我"临危授命",担负起开设该课程教学的重任。经济系(后来的经济学院)的领导始终在"硬件"和"软件"方面为这门课提供十分"给力"的支持,为我"开绿灯",予以"特殊政策",放手让我自行编制和使用与北大学生的水平和需要相匹配的特色教材。在这样良好的条件下,我得以在教学实践中充分发挥主观能动性和开拓精神,在教育质量、教材建设、教学方法和教书育人等诸环节的工作中"摸着石头过河",做出多层面的颇为有益和有效的探索和尝试,并试图逐步向美国专业"Readings"课程靠拢和接轨。经过在"经济专业英语"这个教学园地的辛勤耕耘,我驾驭专业英语课程的能力逐步得到锤炼,教学效果不断改善,课程的质量也逐步提高,课程逐渐走向成熟。由于"在教学工作中做出显著成绩",学校在1984—1985学年和1985—1986学年连续两届授予我"北京大学教学优秀奖"。

1986年秋,经济学院进行职称评定工作,当时我提出的副教授任职资格申请因资历和论文方面的限制未能通过;而此时的北大图书馆正在筹建情报研究室,通过实施人才流动措施,积极招聘来自校内各系、所的专业人才,以缓解学校职称评定工作中"历史欠账太多"和"僧多粥少"的窘境。当时负责筹备该室的副馆长恰好是我的同窗,他了解我的情况后,为我的职称问题鸣不平,表示将优先考虑给予我流动名额,让我能搭上阶段性职称评定的最后一班车。而这时刚担任经院主管教学副院长的石世奇同志知道情况后,立即在百忙之中利用午休时间,骑着自行车赶到我家里,找我商量我的去留问题,代表学院领导表示诚心挽留之意。

作为同窗,我们推心置腹地交换彼此的想法和意见,以求找到解决问题的"两利"办法。他充分地肯定了我在教学工作中发扬的无私奉献和开拓进取的精神,以及勇于担当,白手起家,从无到有,成功开设了一门深受学生欢迎的新热门课程,为学院做出了突出的贡献和成绩。他强调学院需要这门切合改革开放需要的必修课,切望我能留下来继续教这门课。他郑重表示学院领导一直特别关注我的职称问题,虽然这次职称评定工作由于名额有限和种种条件的限制,结果不尽如人意,但是学院领导下了决心,一定要想方设法尽早解决我的职称问题,并提出了一些变通的解决办法的设想。他当时设想的是通过有关规定程序授予我第三张"北京大学教学优秀奖",以"三连冠"的方式破格解决我的职称问题;而胡代光院长则向我表示可以亲笔批条承诺,将设法采用学院自筹经费的"地方粮票"(相对于学校颁发的"全国粮票")的方式解决我的职称待遇问题。事实上,阶段性的职称名额紧缺,职称评定时限紧迫,而评定工作又深受向"论资排辈"和"论文至上"倾斜的指导方针的局限。在这种整体氛围下,院领导设想的这些承诺均属"远水解不了近渴"的无奈之举,解决不了眼前的现实问题,实在是难为学院领导了。

那些天,怀着三十年间积淀的对经济学院的深厚情感,我个人面对去留问题的两难抉择,深陷于痛苦的思想斗争。最终在极其矛盾与纠结的状态下,经多方协商,"快刀斩乱麻"地找出了"两全其美"的安排:我以副教授的身份(名义)流动到图书馆,一方面担任副研究馆员的工作,另一方面破例让我"双肩挑",继续为经济学院讲课。多年后石世奇同志告诉我,这种安排是经济学院和图书馆协议同意我流动的一个关键条件。

虽然石世奇同志从事的学科专业领域跟我的学科专业领域相距甚远,但是,他作为同窗好友和学院领导,一直关心着我的教学工作情况,在许多重要方面都给予了我宝贵的鼓励、支持和帮助,即便在我离开经院以后仍然如此。在20世纪70年代初,我们几个教员带领工农兵学员赴大寨人民公社搞社会调查,其间安排我给学员们讲关于毛主席农业合作化思想的一堂课。这是我任教以来上的头一堂课,心中不免有些战战兢兢;对此,当时负责组织教学工作的石世奇同志对我十分关心,亲自来到课堂上"坐镇"支持,无形之中起了"压阵"的慰勉效应,大大增强了我初上讲台的底气,使我得以较为顺利地完成了这一堂课。在80年代初,我开设的新课程刚起步时,石世奇同志曾言简意赅地跟我传授了"授课之道",说学生的求知欲宛如富有吸收力的一张白纸,教师要有真才实学的过硬功夫,他们是会如饥似渴地好好听课的。他的这一番话激励了我,使我狠下苦功夫,老老实实地精心备课,认认真真地用心讲课,以求不断增进教学效果。

1987年,北京大学教务长办公室组织出版了一本有关北京大学教学优秀奖获得者教学经验总结的报告文集,我应约撰写了一篇文章,内容主要涉及开设"经济专业英语"课程的心得体会,特别是我在教书育人、因材施教及教材选编诸方面进行探索的一些实践经验和收获。石世奇同志看了以后,特地找我谈了他的读后感,认为文章言之有物,写得实情实理,很有意义,胜似一篇专业文章。这番评价不免让我有些"百感交集",为业务上幸遇知己甚感慰藉,离开经济学院时心中勾起的那股莫名隐疼也得以抚平;同时,不知不觉之中受到启迪,有所感悟,让我能够下决心和功夫改掉以往一位同窗老友所指出的我在事业上那种勤于动脑疏于动笔的偏颇倾向。此后,我开始在自己的专业领域勤勉笔耕,相继参与了一些具有重要意义的论著和报告等的编撰工作,为自己开辟了一个新天地,并在其中有所作为,有所收获,从而得以避免在自己的事业生涯中留下过多的缺憾。

90年代初,学院领导按照惯例组织应届毕业生对各门课程和相关老师进行教学评价。会后,石世奇同志专门找我介绍学生的意见,其中特别提到学生对我的教学效果的反馈意见,最突出的一点就是学以致用。学生们说道:"我们在毕业求职时,应聘面试的内容和方式,许多是先前赖老师教过的,是我们学过和考过的。"石世奇同志郑重其事地告知我学生们的珍贵评语,又一次显示了他对我教学工作的关注、鼓励和支持,也是对我立志做一名合格教师所做出的一番努力和坚持的宝贵肯定。

按照当年有关人才流动的不成文"规定",流动出来的人才是没有"回流"机会的。不过几年之后,这一"规定"有所松动,到图书馆流动的两位同事选择回到了原系、所。当时担任经济学院院长的石世奇同志来到图书馆,又一次表示关心我的"去留问题",征求我的个人意见,是否考虑"归队"问题。我跟他敞开心怀地讲了自己的工作情况和想法。当时正值国家教委启动高校"211工程",北大图书馆负责全国高校文献资源配置调研和筹备设立《全国高校文科文献中心》等重大工作,我根据自己的学科专长和馆领导安排,承担了一些相关的重要任务,不好中途放弃。按我自己以往随遇而安的习性,我既已融入了新的工作环境,也就不想在单位间"跳来跳去",反复折腾了。我虽然决定继续留在图书馆,但石世奇同志对我的这番关怀我却铭记心间。

拳拳之心

同石世奇同志相处,我深切地感受到了他作为资深的学者教授和学院领导爱才惜才的拳拳之心。他对我这个同窗好友教学工作的悉心眷注就是一个突出的实例。实际上,早在我大学本科毕业分配时,就体会到了他的爱才惜才之心。毕业时,基于对国际问题的研究兴趣,我填报志愿时首选的是分配方案中的一个涉外研究所,但结果未能如愿,不免令人难以释怀。多年之后,我曾有机会问他这事是否与我当时的归侨身份问题有关,他如实地将事情的原委告诉了我。事实并非如我想象的那样,当时主要是考虑到我生性酷爱读书学习,成绩也优秀,年纪又轻,有培养前途,将我保送攻读研究生学位较为合适。此时我才意识到原来自己真是有点"身在福中不知福"。

石世奇同志对我的女儿也不乏爱抚之心。我女儿大学本科在经院就读,后来留学美国获得名校的博士学位,先后在美国名校从事教学和研究工作。其间有机会的话,我和夫人便要带女儿一起去看望石世奇同志。石世奇同志了解了她的情况后,每每见面时,都要赞许我女儿,称她在我们这一代经院老教师的子弟,尤其是56级老同学的子弟之中算是很(最)优秀的。最令人动容的是,在寒冷的冬日,石世奇同志病重,已转入医院的重症监护室,需靠呼吸器艰难地呼吸,见到我女儿时,还要费力用极度沙哑的声音,动情地一再重复说"你是很优秀的"这一句话。我知道也很理解他每每说这一句话时,心中那无限的感慨之情。我女儿可以说是改革开放的同龄人,赶上了大好时代,像她一样的同龄人的成长环境不同于像石世奇同志的子女那样的大哥哥大姐姐们的境遇,有更多的美好机遇等着他们来充分发挥自己的主观能动性和个人才华。他们的茁壮成长代表着育才和成才事业上后浪推前浪,一代更比一代强的时代潮流。这对将自己的一生都无私地奉献给教书育人这项伟大事业的石世奇同志来说,是值得十分自豪,感到莫大欣慰的。

石世奇同志对年轻学生成才的关怀和呵护之情有多么深厚,从以下一桩案例中可窥见一斑。有一次我来看望他,他和我谈到美国招收研究生情况时提到的一件事给我留下了很深的印象。他在美国访问一所名校时,曾向该校有关负责人专门询问北大经院一位学生的录取情况。当得知这位学生落选时,他特地向他们介绍该学生是经院数一数二的优秀学生,建议他们重新审核他的申请,给他一个机会。对此该校极为重视,立即从一堆申请材料中找到该生的申请书,郑重表示定会给予满意的处理。后来,这位学生最终得以如愿的在该校攻读博士学位。在这一事情上,石世奇同志的举动又一次像一只无形的"援手",弥补了一所美国大学在招生工作中出现的纰漏,从而使一位中国学生圆了出国深造的梦想,在自己的成长道路上迈出了重要的一步。

回首往事,从海外回国至今,我与石世奇同志的相识长达半个多世纪之久,他始终是我的一位胜似兄长的同窗好友。在我的成长旅程中,尤其是在迈过极为关键的第一个关口的时刻,他对我是有知遇之恩的,是我人生道路上的一位贵人。他给予了我极其宝贵的机会,使我能够"与时俱进",一步一个脚印地沿着党指引的方向走,坚持同北大人一起经受锻炼和成长,这成就了我当年北上归国的初衷——回国深造,为新时期中国的建设贡献自己的一份力量。

现在,贵人已驾鹤西去,我愿以此文作为对他永远的铭记。

2013 年 4 月 6 日

半个多世纪的深情厚谊
——深切怀念老学友石世奇

□ 辛守良*

2012年4月6日,石世奇同志驾鹤西去,与世长辞。噩耗传来,我们这些大学同窗学友感到万分悲痛。石世奇是我们北京大学经济系1956级的第一任党支部书记,在班里有很高的威望,受到同学们普遍的爱戴和尊敬。石世奇离我们而去,但他亲切的音容笑貌和高尚的品德,却长久地铭记在我们的脑海中,我们会永远怀念他。现在,石世奇同志去世已满一周年,我们写这篇文稿以寄托对他的深切哀思。

一、八十高龄安然辞世

石世奇同志患肺气肿病已经多年,他的夫人黄爱华也身患重病。2011年石世奇与他的夫人先后住进了西苑中医研究院,起初住在普通病房,后来夫妇俩都转入了重症监护室。今年年初石世奇转院,住进了北京大学第一附属医院干部重症监护病房。不久黄爱华不幸被病魔夺去了生命。在石世奇住院期间,我们这些大学同窗好友,都非常关切和惦念。身体状况较好、行动方便的同学,朱正直、郑幼云、王翔书、李时春、商学忠、曾凡琪、邓秧、左景元偕夫人何画舫、徐雅民偕夫人韩淑娟、崔七星偕夫人梁淑珍、我偕夫人郭秀芸、马如璋偕丈夫祝邦达、靳兰征偕丈夫姚林、赖荣源毛美华夫妇带女儿芳芳都

---

* 辛守良,中央党校教务主任,经济学教授。

先后多次到医院探视、慰问,身体欠佳的樊生占、董玉昇委托其他同学转达问候。大家都盼望着他的病情能早日好转。

特殊的八十贺寿。去年石世奇八十周岁了。按照我们班的惯例,谁到了八十岁,同学们要聚会为他祝贺八十大寿。年初同学们就商议如何为石世奇过生日,如果到时他能出院,我们就一起到他家里为他祝寿,搞一个热热闹闹的庆贺聚会,祝他早日恢复健康。但是,事情的发展并不尽如人意,他根本出不了院。经部分同学商量,决定派代表到医院给他祝寿,表示慰问。

4月1日是石世奇的生日。这天下午,左景元、徐雅民、马如璋和我四位石世奇的老同学以及祝邦达按事先约定准时到北京大学第一附属医院,代表全班同学为石世奇祝寿。首先由马如璋宣读贺词。

石世奇八十大寿祝贺词

值此您生日之际,老同学们向您表示深深的祝福。您是我们班中最受尊重的学长。您的品德为人和对大家的关爱,几十年来我们都铭记在心。

衷心地祝您早日康复!

接着左景元代表同学们将7000余元慰问金交给他的长女石爽,表示大家的心意。然后左景元、徐雅民和我都对他表示热烈祝贺,祝愿他安心静养,争取早日恢复健康。老同学的祝寿,使石世奇得到了很大的安慰。据石爽讲,他爸爸对老同学的祝福十分珍惜,十分感谢,增强了战胜病魔的信心和力量。

事后,四位代表约定分头通知其他同学,让他们也分批到医院去探视、祝福。

沉痛送别。自然规律不可抗拒。石世奇的病情急剧恶化,医治抢救无效,于4月6日不幸仙逝。我们在北京的十多位同班同学,怀着十分悲痛的心情,到八宝山参加了北京大学经济学院为石世奇教授组织的遗体告别仪式。大家含着热泪为他送行,向他安详的面容看上最后一眼。我们还以经济系56级的名义,向石世奇老同学敬献花圈、挽联。

追往岁　仙君与吾结伴寒窗共度
抚今日　挚友向汝告别悲泪横流

石世奇老友永别了！愿您一路走好，升入西方极乐世界。

据石爽讲，秉承她爸爸的心愿，在安放骨灰盒时，将56级同学献给他的祝寿贺卡，一并放入盒内，让老同学们的情谊和祝福伴他远行，永不孤单。这是何等深厚真挚的情谊啊！

二、经济系56级的领军人物

1956年1月，中共中央召开关于知识分子的会议，毛泽东主席在会议最后一天讲了话，号召全党努力学习科学知识，同党外知识分子团结一致，为迅速赶上世界科学先进水平而奋斗。会后全国出现了"向科学进军"的新气象。为响应党中央的号召，我们这批年轻人报名参加了高考，进入北京大学经济系政治经济学专业学习。石世奇同学于1950年就考入北京大学经济系学习，1951年4月，因工作需要调到北京市委研究室工作，1956年重返北大学习。我们同窗五年，这在人生道路上虽然短暂，但同学间建立和培养起来的亲情、友谊，却比山高、比海深。

我们班第一任党支部书记。经济系56级的学生共有33人，从全国20来个省、市、自治区聚集在了一起。其中，当年考入的有31人，复学的2人。这些同学中有20人是已经工作多年的调干生，有13人是应届高中毕业生，其中有一位少数民族学生和一位爱国华侨学生，另外还有一名印度尼西亚留学生。我们那时年轻力壮，朝气蓬勃，意气风发，十分珍惜在北大的学习机会，决心勤奋学习，为将来献身祖国的社会主义事业打下坚实的基础。

1956年9月开学后，系党总支和行政迅速组建了班级党团支部。由于石世奇1950年已在经济系学习半年多，又在市委工作了几年，政策水平高，有一定的工作能力，众望所归，他就成了我们班的第一任党支部书记，马如璋任宣传委员，樊生占任组织委员，由他们三人组成了支委会，把大家团结在党支部周围，度过了一段紧张学习和动荡不安的风雨时光。

带领同学潜心学习。大学一年级开学后,考虑到同学们奋发读书、报效祖国的热切愿望,以石世奇为首的党支部确定,把抓好学习作为当前的主要任务。首先通过细致的思想工作,使大家尽快静下心来,投入紧张的学习生活。同时发挥团支部书记朱正直和班长徐雅民的作用,使同学们很快就适应了大学的学习生活,专心聆听教师讲课,认真阅读课程指定的必读和参考书目,积极参加本系和兄弟系举办的内容丰富多彩的报告、讲座,参加各种形式的社团活动,并且学会利用北京大学图书馆的优越资源,充实自己,增长知识,开阔视野。

回想起来,大学一年级的学习生活,给大家留下了深刻的印象。当时北大住房条件较差,还有不少二层简易小楼。我们班男同学有27人,住在6斋二层的一个大房间内,房子的中间有两堵半截墙,把房子分割成三小间,相应地将全班同学分成三个学习小组,各小间房内摆放着上下层的床铺,住在上层的同学可以一览无余看到全室的情况。住房条件虽差,但同学们在党支部的带领下,学习情绪非常高涨。石世奇带头学习,非常刻苦,人们经常看见他在午休时,仍在床上看书。他曾在《中国青年》杂志上发表文章,给同学们很大启发和鼓舞。应该说大一的学习生活确实开了个好头,让大家真正尝到了大学生活的美好滋味。

在反右斗争中受到错误的党纪处分。平静紧张的学习生活没有维持多久,很快就被一场全国性的政治风暴打乱了。

1957年4月,中共中央发出《关于整风运动的指示》,决定在全党进行一次以正确处理人民内部矛盾为主题,以反对官僚主义、宗派主义和主观主义为内容的整风运动。整风运动开始,欢迎党内外同志给党组织和党的领导干部提意见。北京大学这个知识分子集中的地方,自然积极响应,很快就出现了大鸣、大放、大辩论的局面,校园里的墙上贴满了"提意见"的大字报,各种辩论会、讲演会自发地举行,在大量善意的、正确的意见提出的同时,一些偏激的、刺耳的意见也出现了。1957年5月15日,毛泽东主席写了《事情正在起变化》一文,发给党内干部阅读。文章对运动形势作了过分严重的估计,并且指出在民主党派和高等学校中,右派表现的最坚决、最猖狂,我们还要他们猖狂一个时期,让他们走到极点。此后北大校园里的意见和辩论更加激烈。

我们班党支部在石世奇的带领下,积极投入运动,写了不少大字报,提出了不少正确的意见,批驳了一些错误的言论。1957年6月8日,中央发出反击右派分子进攻的指示。从此,风云突变,大规模的反右派斗争在全国展开了。北京大学很快就卷入了这场激烈的斗争中,有些教师和学生被打成右派分子、极右派分子。面对这种冷酷的现实,石世奇同志沉着冷静、低调应付,表现出较高的政策水平和领导艺术。他没有组织大家冲锋陷阵,没有采取过激行动,更没有无限上纲冤枉他人,而是尽最大努力,保护一些有过激言论的同学过关,好长一段时间,班上没有划定一个右派分子。

当时,上级党组织听到一些反映,认为我们班迟迟未揪出右派,是党支部反右派不积极。石世奇同志没有考虑自己的得失安危,本着实事求是的原则,保护了一些同学。遗憾的是最终班上还是有两人被错划为"右派分子"。纵观我们党的历史,在历次政治运动中,凡左倾错误占据统治地位时,便会有一些党性强、政策水平高、坚持正确意见的同志受到不公正的对待和打击迫害。反右斗争运动后期,进行整党,56级党支部被批评领导右倾,斗争不力,没有落实上级要求,右派划得少,划得晚。因此支部书记石世奇受到党内严重警告处分,宣传委员马如璋受到警告处分,一个党员预备期被延长一年。显然,这样的处理是错误的。班上共青团内也有几人受到批评,其中一人受到严重警告处分,一人受到警告处分。直到党的十一届三中全会后,这些错误的处理,才一一得到彻底纠正。

1957年的反右派运动,被称为在政治战线和思想战线上的社会主义大革命。尽管已经过去五十多年,但它给我国社会和人民群众带来的不幸和影响,至今并没有完全消除。当回忆这段往事时,马如璋同志说:"在划右派问题上,我和石世奇发表的一些见解,是冒着很大风险的。庆幸的是,可能被划而没有被划为右派的同学,平安地度过了在北大的学习生活,毕业后分配到祖国各地。如果他们被错划为右派,他们的政治生命、前途、家庭一定会很不幸的,他们的人生道路会是多么坎坷啊!"党员商学忠同志回忆这段经历时写道:"我是调干生,对整风"反右"运动认识模糊,不理解,有怀疑,故而采取了消极观望的态度,默认自己是个落后党员,也可称为逍遥派,当运动进入紧张时期,精神上承受着很大压力,终日忐忑不安,怕被划为右派。然而党支部并没有向我和与我有类似情况的同学发难。石世奇这种包容态度,是难能可贵的。对此我要说一声:谢谢!"印度尼西亚归国华侨赖荣源同学回忆,运动后期他曾向组织写信交心,说自己对反右派不理解,有看法。石世奇看信后,劝他将信自己保留,不要上交。由此,使自己躲过一劫,否则后果可想而知。

团结全班同学实施教育与生产劳动相结合。1958年9月19日,中共中央、国务院发出《关于教育工作的指示》。明确指出:"党的教育方针是教育为无产阶级的政治服务,教育与生产劳动相结合。"北京大学校领导比较关注教学改革,较早地安排学生参加生产劳动。1958年年初,经济系开始进行教学改革。我们班同学先于1958年1月参加修建中苏友好农业生产合作社小水库劳动;4月参加兴修十三陵水库劳动;5月到圆明园农场参加种植水稻劳动;暑假期间全班分成几个组分头到农村和工厂参加劳动;9月去怀柔县东流水庄、西流水庄等地参加秋收秋种劳动;10月全班同学在班主任杨勋老师的带领下,到朝阳区高碑店公社参加劳动,进行教学改革,实行"课堂搬家",边劳动边学习。经济系的老师罗志如、严仁赓、胡代光、熊正文、范家骧、胡健颖、金明善等也和学生一起参加劳动与教改。

在高碑店将近八个月,除参加各种农业劳动外,还安排了大学三年级的一部分课程,一边听老师讲课,一边举行学习讨论会和学术辩论会。业余时间还参加跑步、打球、单双杠等体育活动,生活虽然比较清苦,但大家的精神非常愉快。去高碑店公社不久,班上有商学忠、辛守良、曾凡琪、樊生占、郑幼云、倪致和、董玉昇、李之曦八位同学被抽调出,参加河南、河北人民公社调查组活动。

石世奇同志虽然在反右后期受到不公正对待,但他并没有消沉,在学习劳动中表现得很好,同学们对他仍然和过去一样的尊重。此时党支部书记为左景元,石世奇任支委,他学习刻苦,思考问题周全,作风稳健,待人随和,善于和老师沟通,在完成教学改革任务中发挥了重要作用。当时罗志如、严仁赓等老教授身体虚弱,需要有人照顾,党支部安排石世奇与他们同住,他对老教授关怀备至。那时吃饭是和社员一样,要到公共食堂打饭,经常吃的是窝头熬白菜,为了让教们吃的窝头松软些,每逢吃窝头时,石世奇和同学们都要到房东家把窝头切成片,再放在白菜汤里烩一烩,让老教授们吃得舒服些。

师生同甘苦,共患难,情绪饱满。

石世奇积极参加劳动,和同学们在短时间内就与社员一起盖起了一座蔬菜大棚;还与社员一起冒雨摘棉花,在夜晚降霜时又和大家摸黑到棉花地里烧柴火堆,驱赶浓霜大雾,确保棉花丰收。

在高碑店时,正赶上公社发动社员写诗作画,歌颂当时的大好形势。一时间,全村诗画满墙,广播里天天播放着社员创作的诗歌。我们班的师生也兴致勃勃地参加了这项活动,先后创作了近百首诗歌。罗志如、胡代光、范家骧等老师也写了诗。后来,李介之同学刻了腊板,把大家创作的诗歌油印成册,至今保存完好。下面是石世奇写的两首小诗:

雨夜抢摘棉记

忽报阴雨连夜来,社员不眠抢摘棉。

手舞足蹈驾雾走,顿时云海成黑海。

冒雪下乡工作记

腊月十七雪纷飞,一行四人去出征。

借问尔等何处去,新村调查事务多。

马寅初校长、陈岱孙系主任都曾到高碑店看望大家,对大家在辛勤劳动和教改中取得的成绩,表示赞赏和肯定(附图1-3)。

1959年5月,结束了在高碑店公社的学习劳动生活,回到学校。临走时,生产队送给大家一筐蔬菜,有新鲜的西红柿、黄瓜、青椒等,这在当时可是稀缺的东西。返校后,党支部与同学们商议,推举石世奇、左景元、李时春等人将这筐蔬菜送到了校领导陆平同志的办公室,并向他汇报了在高碑店学习劳动的情况。陆平同志给予大家勉励,还特别嘱咐大家,这几年运动多,影响了学习,今后要抓紧时间,认真读书,搞好学习。

组织同学静心补课。遵照陆平同志的嘱咐和系党政领导的安排,经济系56级在大学的最后两年,认真抓学习。石世奇时任党支委兼班长,协助左景元,组织全班同学,克服浮躁情绪,安下心来,扎扎实实地读书。"资本论"课程就是在那个时期学习的,为大家打下了较好的理论功底。这个时期我们仍然会参加一些生产劳动,1959年秋天到西山挖坑植树(附图4);1960年夏季、冬季两次去石景山钢铁厂的炼钢车间、翻砂车间、炼焦车间劳动。石世奇除积极劳动外,还反复提醒大家注意安全,对年龄小的同学更是十分关照。

我们班在党支部的带领下,在学习、劳动、政治运动、教学改革、社会活动等方面都表现得比较突出,1959年下半年,在北京大学召开的第一届先进代表大会上,我们班被评为了先进集体,会上给我们颁发了一幅带镜框的奖状和一瓶香水(化学系研制的新产品)。左景元作为代表出席会议并领奖。其后在全国第二次青年社会主义建设积极分子大会上,我们班作为先进集体受到了共青团中央的表彰,授予的锦旗上写着:坚决做社会主义和共产主义的突击队。靳兰征出席领奖(附图5)。

1961年7月,我们完成了全部的学习任务,北大经济系为我们举行了1956级毕业仪式,系主任陈岱孙、党总支书记龚理嘉和给我们任过课的教授到会并讲话。会后合影留念,北大党委书记兼校长陆平同志和党委副书记张学书同志前来参加合影,向大家表示祝贺。我们非常感谢(附图6)。

提前调出留校任教。经济系那时的学制是五年。我们56级1961年毕业。由于学校需要充实师资队伍,1958年至毕业前,学校先后从我们班调出了八位同学留在学校任教,其中有石世奇、左景元、马如璋、徐雅民、靳兰征、曾凡琪、朱正直和我,我们被分配在各个教研室。石世奇被分配在经济史经济学说史教研室。他工作认真负责,长期专注于中国经济思想史的教学与研究工作,造诣很深,成绩显著。他作为主要成员主持和参与编写了《中国经济思想通史》《中国近代经济思想史》等著作,有很高的学术水平,在社会上很有影响。他的教学,内容翔实,有深度,有新意,很受学生欢迎。他指导研究生时认真负责,甚至在生病期间仍不放松,靠吸烟支撑,同志们见到他时,常见他眼圈发黑,说明他经常开夜车,最后积劳成疾,终成大病。他是学生爱戴和尊敬的老师。他先后担任经济系党总支书记、系副主任,经济学院副院长、院长,工作成绩突出。靳兰征同志回忆:石世奇在领导教学工作时,提出要坚持"厚基础,宽口径"的教学理念,即一定要让学生把基础理论学扎实,学牢固,同时专业课不要学得太窄,知识面要广,这样学生毕业后容易找到合适的工作,并且在工作中提高快,后劲足。这个指导思想对培养优秀人才起到了很好的作用。

三、经济系 56 级同学在北京的联络点

经济系 1956 级于 1961 年大学本科毕业后,有 5 位同学继续读研究生,1966 年毕业,赖荣源也留校了,后来由于工作需要先后有 4 人调出北大。在全班 33 人中,长期在北大工作的只有石世奇、徐雅民、朱正直、靳兰征、赖荣源 5 人,还有 13 位同学分在北京的中央党政机关、北京市党政机关和北京市各高等院校,余下的 15 位同学则分散在京外各地。那时,大家都年富力强,有理想、有抱负,决心把自己的精力和知识,奉献给祖国的建设事业。分配在外地的同学来京出差时,总要回到学校看望老师和同学。石世奇在学校工作,家又住在学校附近,后来又当了经济系、经济学院的领导,因此他的办公室和家里自然就成了老同学的联络点。他的爱人黄爱华同志也非常热情好客,为同学们准备饭菜,招待大家。有一段时期,靳兰征同志(曾担任系党总支副书记)住的离石世奇家很近,孙树霖、熊穆权、郑绍增等同学到石世奇家时,就找她去作陪,说明他和同学的友情很深。

在 1957 年反右派运动和 1959 年反右倾斗争中,伤害了一些同学,留下了后遗症。我们班有两人被错划成"右派分子",有一人在河南河北调查组受到了错误的批判,引起精神分裂,被责令退学,送回浙江萧山老家,还有一些同学曾受到了错误的批判。党的十一届三中全会以后,全国平反冤假错案,石世奇为解决这些遗留问题,做了不懈努力,使右派错案较早得到纠正,其中一人因右派加小偷小摸问题,被加重判刑七年,在石世奇的帮助下,其不仅右派帽子被摘掉,刑事处罚也被撤销;有一位同学被批判"走白专道路"也得到了纠正;河南河北调查组的错误批判也得到了平反。由于工作细致,这些受过错误对待的同学都比较满意。后来,在我们班同学几次大聚会时,外地与本市同学相逢,大家欢声笑语,其乐融融,一派和谐景象。

"文化大革命"结束后,高校系统恢复了职称评定。一些同学在其他院校工作,在评定副教授、教授高级职称时,需要专家作学术水平评定。找上门来,石世奇从不推辞,给以热情支持,做出恰当评定,使老同学的职称问题得到了解决。

四、推动老同学聚会

友谊是一种精神营养,多一份友谊,就多一份幸福。老同学的友谊是十分可贵的,我们班这些老同学彼此关爱,完全是至爱亲朋。

在京同学年年聚会。 从 1977 年开始,我们在京同学约定,每年春节聚会。发起人是郑幼云、朱正直、左景元、马如璋,他们去看望石世奇时,提出了这个建议,得到了石世奇的热烈支持。当时大家都还在职,所以,把聚会的时间定在每年农历的正月初三。1977 年正月初三的第一次聚会就在石世奇家。1978 年第二次聚会在马如璋家。从那时起,每年轮流在各家聚会,从未间断过。开始聚会时,由于物资供应紧张,参加聚会的每个人带一个菜。后来市场供应和经济条件好转,由主人家准备茶点饭菜或请大家到饭馆相聚。随着年龄的增长,同学们陆续退休了,聚会时间也由正月初三改为"五四"校庆日,后来又改为每年春天或秋天的一个日子。聚会内容是交流一年来的情况,聊家常,论国事,气氛非常和谐。为了保证同学间的联系经常化,大家商定这件事由石世奇总负责,后来他身体欠佳,就由朱正直(曾任经济学院党委副书记)和北京出版社的左景元负责,北大的徐雅民、《求是》杂志社的郑幼云、石油部的王翔书和我来协助。聚会人员带着老伴一起来,热热闹闹,好不开心啊!大家都把每年的聚会,当成一次幸福的团聚。

邀请外地同学大聚会。 1998 年,北京大学建校一百周年,学校组织热烈庆祝。我们邀请外地同学参加。熊穆权、郑绍增、孙树霖、李之曦、倪致和、戴美德、李介之等同学来京,住在北大勺园。石世奇对大家的活动做了精心安排,除参加学校组织的各种庆祝活动外,还在经济学院举行了座谈会,请赵靖、张友仁等老师参加。同时组织大家到紫竹院公园游玩。

2001 年是我们班大学毕业 40 周年,我们邀请外地同学来京聚会。同学来京的有熊穆权夫妇、杨康为夫妇、倪致和、李介之等,安排住在中央党校。聚会座谈时,请了胡代光、赵靖、张友仁等老师和院党委丁国香参加,党委书记睢国余出席并讲了话。

2003 年部分老同学赴江西聚会。这是由江西师范大学熊穆权同学与他夫人万德梅发起并邀请的。5月，我们一行14人到达南昌，安徽孙树霖、福建郑绍增也到南昌聚齐，住在江西师大招待所。活动内容非常丰富，参观了南昌八一起义纪念馆，革命圣地井冈山，瓷都景德镇，风景如画的庐山，我们受到了很大的教育和启迪。

2006年是我们班入校50周年。经过精心准备，邀请外地同学尽可能地于9月来京团聚。这次同学来得比较多，有熊穆权夫妇、杨康为夫妇、郭继贤夫妇和儿子、徐百钧夫妇、戴美德等，住在北大蔚秀园招待所。聚会首先在经济学院举行，请胡代光、张友仁、徐淑娟、闵庆全、金以辉、李德彬、巫宁耕、杨勋、严庆珍等老师参加。徐雅民主持会议，选派同学代表向老师献花，全体同学向老师鞠躬，表示崇高的敬意。老师们发表了热情洋溢的讲话。时任经济学院院长刘伟同志出席，并介绍了经济学院近年来的发展情况，使大家很受启发。石世奇带病出席，向大家问好，并转达赵靖老师对同学们的问候。这是他最后一次参加集体聚会。同学们在座谈会上，积极发言，气氛热烈，一位外地同学发言时，激动得声泪俱下，十分感人。北京同学在老舍茶馆、西贝莜面村、全聚德、天外天宴请外地同学，组织他们观光北京市容，重游颐和园。这可能是我们班最后一次大型聚会了(附图7)。

后来，熊穆权夫妇把我们班的大学生活情况和毕业后同学们的交往活动，精心制作成光盘，送给大家，留作永恒的纪念。

为进入80岁的老同学祝寿。从2009年起，我们在北京的同学中，有人开始步入80岁高龄。大家相约，集体为他们祝寿，这已成为惯例。2009年至2011年已为四位同学祝寿。2012年为石世奇举行了特殊的祝寿。

五、老同学学习的楷模

记得我们刚入学时，和石世奇同学初次见面，他给大家的印象很深，修长偏瘦的身材，一张白净的面孔，讲话慢条斯理，举止温文尔雅，像个文弱书生。相处时间长了，发现他身上具备很多优点，确实是一位值得尊敬的学长，是一位忠于党的事业的优秀共产党员，是一位资深学者和合格的领导干部。

第一，具有坚定的理想信念。石世奇同学有深厚的马克思主义理论功底,有远大的共产主义理想和中国特色社会主义信念,他坚持改革开放,献身祖国的教育事业,勇于战胜各种困难。在他80年的人生旅程中,虽多有挫折,曾受到不公正的对待,但他从容淡定,毫不气馁,始终执着地为社会主义事业奋斗。

第二,具有广博高深的经济思想史专业知识。石世奇同学儒雅大度,文化底蕴厚实,对中国经济思想史有着深入的探讨和研究,学术造诣高深,成绩卓著。他的研究才能在大学时期已经崭露头角,曾在报刊上发表过多篇文章。

第三,具有较强的领导能力和领导艺术。石世奇同学多年来一边从事教学研究,一边担负着院系党政领导工作。他视野开阔,思想敏锐,遇事沉着冷静,思考问题缜密周全,能够应付各种复杂的政治局面,妥善处理各种疑难问题。善于做细致的思想工作,把广大师生团结在一起,沿着党的既定目标前进。

第四,具有优良的党性修养。石世奇同学坚持个人利益服从党和人民的利益,吃苦在前,克己奉公,光明磊落,热心助人,从思想上、生活上关心同学,热情帮助同学入党,帮助同学解决生活困难。因此,在同学中口碑甚好,有很高的威望。在大学期间,靳兰征同学家庭经济困难,申请补助,石世奇同学作为支部书记,热心帮助其办理。他爱人黄爱华也很热情,送给靳兰征一块布料做衣服,靳兰征十分感激。"文化大革命"期间,北大两派武斗,徐雅民和来京看病的母亲及三岁的小侄子,被赶出教师住的19楼集体宿舍,石世奇同学闻讯赶来,把徐雅民祖孙三人接到家中。当时赖荣源也躲在他家。辛守良同学父亲病危、病故,回老家料理丧事,回校后宿舍已被人占领,只好也投奔石世奇同学家。而他家只有一间卧室和一个不大的客厅。大家在他家吃住,真是难为他们了。但他们还是想办法热情款待大家。

石世奇同学永远是我们学习的楷模,我们深切地悼念他!

2012年12月25日

附：北京大学经济系 1956 级照片

图1 1958年，马寅初老校长到北京郊区高碑店公社看望进行农村调查的北大经济系师生，公社书记与同学送马校长离开（自左至右为：马寅初校长、石世奇、公社党委书记王占成、左景元）

图2 1958年冬，经济系主任陈岱孙教授到高碑店公社看望进行农村调查的本系师生时的合影（第二排坐着的左三为陈岱孙主任、第三排左二为石世奇）

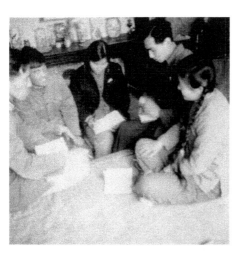

图3 1958年冬，在高碑店社员家，班主任杨勋老师与几位学生干部正在研究教学改革问题（自左至右为：左景元、朱正直、杨勋老师、石世奇、马如璋）

图4 1959年秋，经济系56级同学到西山参加植树，劳动间歇，同学们津津有味地啃着窝头（自左至右为：温应乾、石世奇、左景元）

图 5　1959 年,经济系 56 级在北京大学西校门留影(第二排左四为石世奇)

图 6　1961 年 7 月,经济系 56 级毕业典礼后合影留念。第一排老师从左至右为周振华、李克纲、刘必佐、樊弘、罗志如、胡健颖、周炳霖、陈岱孙、陆平校长、张学书副书记、龚理嘉、王隽彦、朱云芬、李如英,第二排左八为石世奇

图7 2006年,经济系56级同学入校50周年聚会留影。照片第二排自左三开始为严庆珍、巫宁耕、李德彬、张友仁、闵庆全、徐淑娟、金以辉、杨勋等老师,右一、右二为石世奇夫人黄爱华和石世奇

2013年4月1日

怀念我的同窗挚友石世奇

□ 徐雅民[*]

2012年4月1日,我随北大经济系56级的3位同班学友,到北大第一附属医院,代表全班同学为学长世奇祝贺80华诞。他躺在重症监护室,身上插着导流管,不能言语,生命垂危。我们轮流站在世奇身旁,向他致意。大家的心情十分沉重,当时我只说了两个字:"保重!"我与世奇相互凝视着,一切都在不言中。5天后,世奇走了,他带走了诸多遗憾,留下了我们对他的永不忘却的怀念。他那温文尔雅的学者风范,豁达大度的胸怀,对事业的忠诚和执着,对同志、同学和朋友的满腔热情……这一切的一切,都在我的脑海里激荡。

对于北大经济系,我有"三进三出"的经历,在这一过程的每一时段,我与世奇都相处甚密,这中间传递着我们之间的友谊,体现着世奇对我的关心和帮助。1956年,我从中学考入北大经济系,有幸和世奇同班,他是调干生,入学前在北京市委工作多年,他稳重、成熟、热情,在我的心目中,他是同学,更是兄长。入学后,我们都是班干部,他是党支部书记,我是学习班长,后是团支部书记。面对班上2/3的同学都是年龄比我大许多的调干生,我这个小学弟不知如何在班上开展工作,有时表现得畏首畏尾,有时又显得过于简单生硬,世奇作为党支部书记,他是我的领导和靠山,给了我很大的鼓励和具体的帮助。

1958年,我们大二期末,世奇代表党组织传达学校的决定,要将我调到北

---

[*] 徐雅民,北京大学马克思主义学院教授。

大政治理论课教研室工作,这是我第一次离开经济系。对此,我没有思想准备,感到很突然,要离开班集体,恋恋不舍,要从学生变成教员,又兴奋又茫然,对于我这个年方20岁的大二学生来说,不知道新的生活该怎样开始。当时,有一次世奇约我长谈。他鼓励我要勇敢面对未来,同时向我敲了警钟,有针对性地告诫我千万不能翘尾巴,要谦虚谨慎,想问题做事情要克服简单化和片面性的毛病。世奇的忠告对我后来的成长是一种极大的鞭策,半个多世纪过去了,那次促膝谈心我至今记忆犹新。1959年,我考入人民大学政治经济学系研究生班,毕业后我第二次进入北大经济系,使我十分宽慰的是,这时世奇已经在经济系当了教员,我们这两个老同学又成了新同事。我们在北大经济系共同经历了各种政治运动,"四清""文化大革命""五七干校"下放劳动等等,在各种政治风浪的冲击中,我们携手并肩跨越人生路上的沟沟坎坎,同甘共苦,志同道合。他在中关园的家我常去,我在19楼的单身宿舍他也常来,我和他的家人,他的爱人黄爱华、女儿石爽和石杰以及弟弟石世豪,都成了好朋友。"文化大革命"中北大武斗,我被从教员单身宿舍赶了出来,时逢我的母亲和三岁的小侄从安徽老家来北京看病,一时间,我们祖孙三代老小无处栖身,连日用衣物也来不及带出,甚至人身安全也受到威胁,犹如大难临头,惊慌失措。世奇闻讯赶来,当即把我们接到他的家中,当时到他家临时避难的还有留系工作的其他几位同班同学。世奇一家4口人只住一间卧室和一个不大的客厅,可当时一下子挤进来这么多人,既要住又要吃,实在是让他们太为难了。然而世奇全家却热情地接待我们。我的老母亲直到晚年,仍然清晰地记得当时的场面,并能叫出"石世奇"这个让老人家钦佩的名字。

1971年,我第二次离开经济系,调到北大校部机关工作。"四人帮"垮台后,北大逐步恢复了正常的教学科研秩序,一批从教师中调到学校从事党政工作的同志纷纷归队,回到教学第一线。面对这种形势,我忧心忡忡,"文化大革命"十年,业务荒废了,今后怎么办,我面临着人生旅程中的十字路口。我到世奇家征求他的意见,他当时任经济系党总支书记兼副系主任,他非常希望我回系任教。正是在他的鼓励和帮助下,我第三次回到经济系,不久,我重新登上久违的三尺讲台。这对我后半生的事业和生活,是具有决定意义的一步。两年后,组织上决定将我从经济系调到新成立的北京大学马列主义研究所，不久我被任命为所长，到任伊始，我面临着一系列难题，其中最突出的是研究人员太少，当务之急是解决研究人员队伍问题。教委批给我们所的用人指标是35人，而当时全所的研究人员只有6人。没有人，一切都无从谈起。我想起了我第三次离开经济系时世奇对我说的话，他说，你什么时候想回来我们都欢迎，今后你工作有什么困难，系里会尽力协助。于是我又到经济系找到世奇向他求援，他和我当年的老师，时任系主任的胡代光教授商量决定，从胡老师应届毕业的硕士生中挑选一位优秀生分配到我们所，这对我们这个刚刚创立的单位来说，是一种最有力的支持。后来，随着改革开放的逐步深入，北大各个系所都纷纷开展对外学术交流，我们所当时作为直属学校的文科的重要研究机构，对外交流的必要性和重要性是不言而喻的，但是，在这方面却遇到了很大的障碍。西方本来就不认同马列，而苏联解体后，国内瞬间刮起了一阵阵西方思潮，在这种背景下，搞马列很不吃香，甚至会被人讥讽，所以我们所的对外学术交流步履艰难，最后还是在世奇的协助下打破了僵局。当时，北大为了开展对外学术交流，成立了北京大学海外华人经济研究中心，挂靠在经济系，由时任校长吴树青教授兼主任，世奇任副主任，由世奇推荐，学校决定我也任副主任，借助这个平台，我们所迈开了对外学术交流的第一步。后来我长期负责北大台湾研究中心和北大港澳研究中心的工作，都与世奇的从旁协助息息相关。

　　世奇从不计较个人得失，他顾全大局，豁达大度。1957年反右派运动后，世奇因"右倾"受到错误批判和党的纪律处分，他一向对此淡然处之，从未出现消极情绪。直到"四人帮"垮台后，他的问题才得到甄别平反，并在经济系担任党政领导工作。他在任期间，认真落实党的政策，纠正了经济系在历次政治运动中的冤假错案。我们经济系1956级的同学中，有个别人也曾在反右等政治运动中受到错误处分，他们来校申诉时，世奇都把他们请到家中热情款待，并帮他们平反昭雪。

　　我们经济系1956级的同学公认世奇是班上的佼佼者，他品学兼优，威望最高。我们这个班有很强的凝聚力，这与世奇有着很大的关系。同学们从北大毕业后各奔东西，分散在全国许多省市，各自的事业、家庭和所处的环境也大不相同，但几十年来大家的相互联系一直十分密切。有人说，世奇的家就是我们班的联络点。正是在世奇的倡议和带头下,班上留京工作的17名同学,除极个别人有特殊情况外,从20世纪70年代起,我们年年欢聚一堂,近年来我们还带着老伴为年届80岁的同学共庆华诞,这已成了一个定式。我们这个班犹如永不离散的集体,世奇始终是我们集体的核心人物。

  世奇学兄为人处事光明磊落,他的人生是完美的,他的人格魅力是高尚的。今年4月10日,我们挥洒热泪向他作最后的告别。他走了,我们痛心惋惜,愿他一路走好,愿他与山河同行!

2013年4月6日

志行高洁　为人师表

——敬怀石世奇老师

□ 裴 倜*

石世奇老师是我 20 世纪 60 年代在北京大学经济系的同事，80 年代后又同是赵靖师门下的弟子。我们相识相知三十年，师友之情，至老益笃，他是我的至友和挚友，他的逝世，驾鹤西去，使我深为震惊和悲痛！

我同石老师认识颇早，1959 年我从四川大学经济系毕业分配到北京大学经济系政治经济学教研室当助教，石老师则是 1960 年从北大经济系本科毕业留校工作，与靖师同在一个教研室，师从靖师的时间比我早。我是 1983 年在北大经济系进修中国近代经济思想史时，才成为靖师的门生弟子。论"年齿"，我比石老师长一岁；论"闻道"（指中国经济思想史专业），他追随靖师比我早十余年。正如石老师所说，他同靖师是"半个世纪的师友情"！故我一直待他以师礼，称他为石老师。所以，我和石老师的关系，也可说是"亦师亦友"，是结缘于中国经济思想史这门学科。

下面，仅就三十年来我同石老师的接触和了解，从初识到日益相知，对其人品学问、为人治学，谈点个人的看法和回忆，以表敬仰和缅怀之情！

石老师的人品学问，给我总的印象和感觉是，他和靖师极为相像，在我看来，石老师就像靖师，靖师就像石老师，何其相似乃尔！他二人志同道合，珠联璧合，师友相得！在我们编书组里，石老师最得靖师衣钵之传，堪称是师生典范，有古贤哲师道之风耳！

---

* 裴倜，四川大学经济学院教授。

先谈为人。我说靖师是一位具有儒家风范和兼具道家情怀的学者形象，从靖师身上可领略到中华民族固有的传统美德，石老师也是这样。他自认从靖师那里"学到不少为人处事的道理""成为知心朋友"（《寸草集》，北京大学出版社）；"在治学、教学、待人处事方面受到有益熏陶"（《寸草集》），的确如此。石老师志性端谨，自幼受过良好庭训，熟读《论语》《孟子》《史记》《汉书》等"古史书"和儒学经典，深谙儒家仁爱忠恕之道，"温、良、恭、俭、让"，样样兼备，尤以"恭敬"为尚。我认为，石老师做得最好的就是这"恭敬"二字，他不仅对靖师是无比的恭敬，对同事和其他人也是这样。此即所谓"上下一于恭敬，则天地自位，万物自育"，石老师具有的这种"恭敬"功夫，是他人所不及的。恭敬、诚实、"与人为善"，也可以说是石老师的人生信条！石老师天性简默，他的道家情怀，则表现为做人低调，"不自是""不自我""不自矜"，处下居后，不忮不求！20世纪70年代后，石老师先后任北大经济学院副院长、院长、博导等；在学会先后任秘书长、副会长、代会长；在编书组是副主编，在学院也算得上是"位高权重"，但在我和石老师相处的岁月中，何曾见到过他颐指气使，趾高气扬！又何曾见到过他疾言厉色！在我们编书组里，石老师没有半点架子，就是普通一员，普通"一兵"。对我而言，我离休后能参加北大经济学院三项国家重点科研项目(即《中国经济思想通史》四卷本、《中国经济思想通史续集》《中国经济管理思想史教程》)，任编委和主要撰稿人之一达十余年之久，除了靖师对我的识拔和提携外，与石老师的关照和爱护是分不开的！我感恩北大、感恩靖师、感恩石老师！关于石老师的"谦让"，举一个例子：我们编书组有一次外出开会，购有两张软卧车票，石老师非要让我和靖师坐，我说："您是学院领导，又是副主编，应该您坐才对。"他自谦地说道："您还是我的老师呢(指我比他早一年到北大经济系)，您来北大，我还是学生呢！"类似这样的事还有很多，足见石老师胸襟之开阔！

在为人方面，石老师还有一个非常突出的方面，就是"严于律己""以身作则"，是一个组织纪律性、原则性很强的人。靖师的开门弟子、石老师的同窗好友孙树霖在人面前就常说："石老师是一位对自己要求很严格的人，是一位组织原则性极强的人，是一位好领导。"这在我们编书组中无人不知，有口皆碑。

再谈治学。由于石老师和我一样,并非中国经济思想史"科班出身",在大学,我学的是政治经济学专业,石老师也是这样。我曾听他说过,他读北大经济系时,"是靖师给他们讲的政治经济学";他还讲过,1960年以前,"没有接触过中国经济思想史"(《寸草集》)。就这门学科而言,石老师是"而立之年""闻道";我则是"知天命之年""问学"。因此,要能在这门学科站住脚,有一块"立锥之地",只有靠个人勤奋和名师指点才行。我和石老师有幸早年得遇良师,走的是"程门立雪"之路,拜在靖师门下,我俩一走就是五十年和三十年!

石老师治学,完全师承靖师,严守师教,"贵精""贵实""贵开拓""贵创新"。他自己就说过,"我写的论文,由赵靖老师看过";给本科生和研究生的讲稿,"都经赵靖师过目"(《寸草集》)。石老师的治学精神,可用以下两句话概言之,即"潜心治学、矢志不渝;勤奋刻苦,锲而不舍"。

在石老师一生的学术生涯中,他是最早参加由赵靖、易梦虹主编的《中国近代经济思想史》的编写,是编书组的主要成员之一,担负着重要的组织编写任务和工作。该书分上、中、下三册,由中华书局先后出版,这是中华人民共和国成立后首部关于中国近代经济思想史的系统而完整的教材,是一部具有里程碑意义的巨著。同时,他又在《经济研究》《北京大学学报》《人民日报》等全国重点报刊上发表过中国近代经济思想史的论文和文章,应该说,石老师对这门学科也是有开拓和创建之功的。紧接着,他又专心致志于《中国经济思想通史》《中国经济思想通史续集》《中国经济管理思想史教程》的开拓和创建,石老师任副主编,协助靖师,历时十余载,胜利完成。石老师是全力以赴,付出了很多的艰辛,鞠躬尽瘁,终其一生,其毅力和精神,真是可敬可佩,可圈可点!他既是一位著名学者,又是一位受人敬仰和爱戴的学者!诚然,石老师在他个人的学术成就和成果上,由他个人单独发表的文章不算多,但篇篇都是好文章,如他早在1963年发表的《试论魏源的经济思想》(《北京大学学报》,1963年,第5期),就受到学术界同人的一致好评,时过二十年后还被湖南人民出版社收录在《魏源思想研究》一书中。

我和石老师最后一次见面,是2002年9月在太原召开的中国经济思想学会第十届年会期间,我是在应邀参加"敬贺赵靖先生八十寿辰"的宴会后,在北京同石老师一道赴会的,同行的还有树霖、守军、学益诸师弟,遗憾的是,靖师因身体不适未能同行。年会结束后的当天晚上,山西财经大学领导还特地设晚宴招待与会的会长、副会长及部分年长理事,我也在被邀之列。记得那天晚上,石老师身着淡雅色西装,风度翩翩,平常不善言谈的石老师却显得谈兴甚浓,心情愉快,充满着欢欣,在聊谈中,他对我说:"裴老师(二十多年来他都是这样称呼我),我现在不是院长,也不当会长了,无官一身轻,有更多时间出来走走,希望能再去你们四川。"我则邀请他来四川的"农家乐"住几个月,养养身体,他欣然答应。在会议期间,我和石老师还一同去平遥古城、五台山等地参观访问,其乐融融!返程时,是山西财大经济学院院长闫应福学弟亲自送石老师和我上的火车,给我们各送了两瓶山西香醋。在进站口告别时,石老师同我紧紧握手,互道珍重,依依而别!此景此情,至今仍历历在目,难以忘怀!想不到的是,此一别,竟成了永诀!岂不令人哀痛哉!

"人生难得一知己",更为难得的是我们之间"三十年的师友情"!石老师走了,但他的崇高人品和治学精神,必将永远留在我们的心中!师德垂后世,高文惠后人,北大是中国经济思想史的重镇,薪火相传,后继有人!靖师和石老师的再传弟子张亚光老师讲得好,"要尽自己的全力守护好思想史园地"。我坚信,中国经济思想史这门学科一定会继往开来,发扬光大,更上一层楼!

谨以此文,寄托哀思,"尊酒瓣香",遥祭石老师灵前!石老师安息!

2013 年 5 月

深切怀念石世奇老师

□ 陈为民*

退休后十余年,因闲居新加坡女儿处,与石世奇老师难得见面。每当一年一度退休教职工体检见上一面,倍感珍惜和亲切。记得石老师因患呼吸道方面的疾病,走楼梯十分困难。天气并不冷,却要穿上厚实的背心。但石老师见到我们总是精神焕发,谈笑风生,见到何绿野老师,还像当年那样称"小何",问长问短,关心备至。

正值喜迎北京大学经济学院百年华诞之时,惊悉老院长、老书记石世奇教授不久前离世,悲痛、遗憾、不舍之情,久久不能忘怀。

为了深切怀念石世奇老师,仅用以下极其有限的篇幅文字,追忆一下与石老师相识、相知的一些岁月。

最初与石老师较为深入地相识、相知的那段时光里,曾经有过一段特殊的经历。故事发生在"文化大革命"的年代。

1965年我毕业留校,不久,"文化大革命"的风暴降临北大。北大是"文化大革命"的重灾区,经济系是重灾户。自信使我们这些热血青年,不仅选择了派别,还参与了一支教职工战斗队,我竟被推举为战斗队队长。我立志想在"文化大革命"的大风浪中锻炼自己,自然对于逍遥派是绝不会甘心的。

在"文攻武卫"的口号下,北大的武斗迅猛发展,很快在学生楼群形成了"武装割据"的局面。不仅到处可见自制长矛、安全帽的攻楼、守楼的"战斗队员",楼与楼之间联防所需的地道、天桥也应运而生。类似用自行车内胎带制

---

* 陈为民,北京大学经济学院教授。

造的可打出半块砖的"超大弹弓"之类的"新发武器",花样翻新,层出不穷。

在武斗割据不断升温的情况下,我当时被困在37号学生楼里。何绿野老师所在的女教师楼已无法安身。就是在这样的状况下,石世奇、黄爱华老师一家邀请何绿野老师住进了他们家中。石老师让出了自己的小书房,以便让何绿野老师打地铺休息。这样"避难"的日子竟然延续了一个多月的时间。

何绿野老师多次向我叙述这段日子的感受。她说:石世奇老师一家人太善良,太好客了。石老师虽话不多,但如同兄长般的和蔼可亲,体贴入微。这是何老师终生难忘的一段情缘。

无奈看不到武斗平息的希望,我们又立誓绝不能参与武斗,只好离开北大前往天津、大连以及城里亲戚家。经数月辗转,直至北大武斗平息才归校,在军宣队、工宣队主持下"复课闹革命"。

与石老师最初的这段相识、相知的缘分,正是我日后成为中国经济思想史专业一员的机缘与铺垫。

"文化大革命"结束,师生们渴望正常搞学问的氛围早日呈现。当时经济史教研室的教师们年龄偏大,后继无人,我们毕业留校专业尚未确定。老先生们立即盯上了我。赵靖先生、石老师等先后向我示意。可谓心有灵犀一点通,于是乎,很快我就成了赵老师、石老师的门下学子。

从事中国经济思想史专业必须具备驾驭文言文的基本功。虽然我自愿选定了从事中国经济思想史的专业,但这也是我当初最大的顾虑和心病。可以说,当初的这一转向,内心是有挣扎的。

为了让我能够尽快地入门并能掌握从事中国经济思想史研究与教学的基本功,赵老师和石老师商定对我采取了两项措施:其一,让我作为旁听生与他们所招的首批研究生(张守军等)同时上课、受训。其二,赵靖先生在古文方面为我开"小灶",即由赵先生选择数十篇关于中国经济思想古文方面的经典文献,"手把手"式地训练我。这数十篇经典古文均由赵先生亲自选录,亲手抄写。每篇都是训练我独自断句、释文,寻找经济思想的精华所在。就是这样的一片苦心,让我这个"门外汉"渐入了中国经济思想史专业的殿堂。在这一期间,每当请教石老师而有机会谈及古文学习时,他总是如数家珍般地启发我对古文的兴趣,并指点我如何将文言文的经典文献读懂、学活。

《中国经济思想通史》四卷本,是赵靖先生与石世奇教授率领门下弟子的呕心沥血之作。他们夜以继日的筹划谋篇,投入巨大心血,精心打磨,精益求精,令门下弟子十分感佩。在此期间,石老师还曾担任繁重的社会工作。有时我暗想,他清瘦高挑的身躯,却承受如此般的重担,真是有些不可思议。石世奇老师真可谓"奇人"也!

　　当我一度担任书记工作期间,他开导我说,所谓"双肩挑"只是双重任务,真正要"双肩"挑好,关键是善于"换肩挑"。可见石老师对"双肩挑"有自己的独到见解。

　　在我指导研究生论文时,凡遇到不少引用文言文经典文献的,一定会叮咛他们去求教石教授,让石老师把关指点。凡不注重校对经典文献原著,因转录以致出现引文"失真"的,石老师会严加指责,毫不留情。正是因为有这样的严师,在这一方面,我唯恐自己把关会心有余而力不足,理应有自知之明。

　　老院长、老书记石世奇教授的口碑历来是极佳的。他高风亮节,博学多才,平易近人,不露自威,是值得我永远学习的师长、楷模。

　　师长已逝,怀念永存!

2014 年 7 月 23 日

深切悼念石世奇教授

□ 叶世昌*

石世奇教授小我3岁,我们属于同一辈人。我们研究的是同一个学术领域,又在同一个学会中活动。他是"双肩挑"的共产党员,在领导工作和学术研究上都留下了坚实的脚印。对他的英才早逝,我深感痛惜。得知他的友朋、学生们将为他出纪念文集,想到自己也应有所表示,但又觉得自己了解的具体情况不多,深怕纪念文字流于肤浅,迟迟未能动手。在参加2013年4月举行的第二届"上财(上海财经大学)经济史学论坛"暨纪念胡寄窗诞辰110周年研讨会时,经石世奇教授的高足周建波教授的敦促,才使我打消顾虑,决定用文字来表达我对故人的一点深切的怀念之情。

回家后,我找出了历届中国经济思想史年会的纪要,阅读这些本学会的历史文献,可以重新回忆起一些往事。我感到中国经济思想史学会从一开始就是一个纯学术性的学术团体,参加者大都是对中国经济思想史有一定研究或对这一学科真有兴趣的学者,而学会的主要领导人则都是这一学科的专家。学会的活动以保持其学术性为目标,而不以市场利益为导向。石世奇教授就是这一类学者的代表人物之一。

中国经济思想史学会成立于1982年10月11日,至今已满30年。其领导机构理事会随主要领导人的交替而改变设会地点。第一届至第四届的会长是胡寄窗教授,副会长是巫宝三、赵靖教授,理事会的驻地在上海财经大学。从第二届年会(1984年5月)开始,理事会设党组,石世奇同志任党组副

---

* 叶世昌,复旦大学经济学院教授。

书记。在这届年会上,石世奇曾作题为《应该重视中国经济思想史的学习和研究》的发言,他指出:中国经济思想遗产是极其丰富的,在17世纪以前一直居于世界领先地位,它对当前的精神文明建设和物质文明建设具有启发和借鉴意义。从精神文明建设来说,学习和研究中国经济思想史可以提高我们的民族自豪感,增强爱国主义精神,激励我们奋发图强,振兴中华。从物质文明建设来说,对中国经济思想遗产的研究,对我们正确认识国情,制定经济发展战略及其一系列的方针政策,以及建设具有中国特色的社会主义现代化强国,具有一定的借鉴作用。对此我深有同感。

第四届年会(1988年5月),胡寄窗会长和巫宝三副会长因年事已高,辞去学会领导职务,被推为学会名誉会长。新理事会以赵靖为会长,以叶世昌、朱家桢、王同勋、汤照连为副会长,石世奇为秘书长。会后,会长、副会长一致商定:由朱家桢担任常务副会长,与秘书长共同负责学会日常工作。后又聘请虞祖尧为学会副秘书长。领导班子以北京的理事为主组成,外地的只有汤照连和我,以便于开展工作。

第八届年会(1997年10月)改选新的理事会,名誉会长为巫宝三(胡寄窗名誉会长已于1993年8月逝世),会长仍为赵靖,副会长为叶世昌、朱家桢、王同勋、石世奇、谈敏、严清华,郑学益为秘书长,唐任伍、沈惠为副秘书长。

本学会以北京为领导中心的时间长达12年多。随着学会的发展,在京的学会领导担子很重。先后任秘书长和副会长的石世奇教授自然做出了很大的贡献。

第九届年会(2000年10月),学会成立了新一届的理事会,赵靖改任名誉会长(巫宝三名誉会长已于1999年2月逝世),谈敏为会长,严清华、郑学益、唐任伍、吴申元、张守军、叶坦、王毅武、韦苇为副会长,赵晓雷为秘书长。从此,学会的驻地又回到了上海财经大学。此后,学会领导陆续还有变化,因同本文无关,就不多说了。

中国经济思想史学会的学术成果颇丰。以赵靖教授为主编、石世奇教授为副主编的《中国经济思想通史》四卷本是最新研究成果的杰出代表。作为副主编,石世奇对此成果的贡献可想而知。他又与郑学益教授主编出版了《中国古代经济思想史教程》,表明了他对学术研究的不断追求。

第十四届年会(2010年8月)石世奇教授没有来参加,我才知道他生病了。原以为他年纪尚轻,经过一段时间疗养,就仍然能在年会上重逢。但以后他一直因病不能到会,我常为其健康担心。去年4月传来噩耗,他最终离我们而去。他的离去,对中国经济思想史学界是一个很大的损失。

中国经济思想史是一门新兴学科,它产生于西方经济学传入中国之后。中国学者接触了西方经济学以后,想到中国自己也有经济学说,于是有人起而效仿。清末梁启超就曾表示"拟著一《中国生计学史》,搜集前哲所论,以与泰西学说相比较"。"生计学史"即经济学史。他的愿望没有实现,但后来在《管子传》和《墨子学案》中,讲到了管子和墨子的经济思想,称管子为研究国民经济学的先驱。留美学者陈焕章成于宣统三年(1911年)的博士论文《孔门理财学》,"理财学"也即经济学。实际上他引用的资料并不限于孔子及其门徒,凡中国历代典籍中的重要经济资料都在他的采录范围,并将这些资料分门别类地纳入西方经济学的框架。

民国时期,有些大学已开设中国经济思想史的课程。北大教授李大钊在1920年曾开讲中国古代经济思想。1922年甘乃光在岭南大学经济系毕业后留校任助教,曾讲授先秦经济思想史,于1926年成书出版。1928年唐庆增在上海交通大学开设中国经济思想史课程,后又在上海[暨南大学、大夏大学(今华东师范大学前身)等]、南京(中央政治学校)"各校讲授此课,先后达三四十次"(《中国经济思想史》上卷《自序》),于1936年出版《中国经济思想史》(上卷)(先秦部分),达到了先秦经济思想研究的最高学术水平。民国时期出版的经济思想史著作总计有十余部,有古代的,也有近现代的;此外,还有一些经济思想史论文,仅唐庆增《中国经济思想史》(上卷)附录所列的就有24篇,这些自然只是1936年以前发表的论文。

中华人民共和国成立后,胡寄窗、巫宝三、赵靖、易梦虹教授最先发表了中国经济思想史的研究成果。胡寄窗教授还为各高校培养了第一批本学科的教学、研究人才,以此为基础,加上其他有关人员,成立了中国经济思想史学会。当时高教部将"中国经济思想史"课程定为选修课,学会第一届年会理事会即决议:"以学会名义致函高教部反映到会会员的意见,建议将综合性大学经济系'中国经济思想史'由选修课改为必修课。"但没有结果。30年的历史证明,本学科不仅没有退出学术舞台,反而创造出了空前的业绩。上海财经大学已经设立了经济史学系和中国经济思想史与经济史研究中心;北京大学经济学院设立了社会经济史研究所;多所大学仍坚持开设"中国经济思想史"课程,有些社会科学院经济研究所设有中国经济思想史研究室,有些大学和研究所还招收中国经济思想史的硕士和博士研究生;近年来,民国时期的经济思想已成为研究的热门。这些都表明中国经济思想史学科在前进。

我们不仅要纪念石世奇教授,还要纪念以胡寄窗、巫宝三、赵靖等为代表的老一辈的先行者。我对我们的学会有三点愿望:一是发扬中国经济思想史学会的优良传统,坚持将本学会办成一个以促进中国经济思想史学科发展为宗旨的学术团体。二是学会会员们能树立起为发展本学科而努力的决心和信心,加强对中国经济思想的学习和研究,不断提高总体的专业学术水平。三是发扬中国传统经济思想的积极因素,运用本学科的知识,身体力行,为实现中国梦而做出更大的贡献。

2013 年 11 月

石世奇同志逝世周年纪念感言

□ 虞祖尧[*]

2012年4月6日,石世奇同志经历了长期与病魔斗争之后与世长辞,当我从周建波处听到这一噩耗时,我曾仰天长叹曰:"世上又少了一位英才!"

世奇同志与我相识于20世纪80年代初。中国经济思想史学会第一次年会在上海召开。全国各高校从事中国经济思想史研究的人员齐聚复旦校园,济济一堂,意气风发,谈笑风生,同行之间有相见恨晚之感,当谈到中国经济思想史这门学科的前景时,大家都有一股近乎狂热的感情,通过年会似乎找到了一大批志同道合的朋友。从此以后,我们在胡老、巫老、赵靖和世奇同志相继担任学会会长的二十年的时间里,共同度过了创建中国经济思想史这门学科的辉煌岁月。北京、上海、武汉、西安、成都、广州、黑龙江、海南岛,都有我们学会理事和会员的身影。各地的同志们都非常努力地在这一块待开垦的土地上耕作和收获,纷纷贡献出自己的研究成果:论文、专著、教程不一而足,其中最令人瞩目的当数北大版的《中国经济思想通史》(四卷本),其成就之高,影响之大已是从事中国经济思想史研究者的共识。这一伟大工程的主帅赵靖先生的功劳固然令人高山仰止,但作为这一伟大工程副帅的世奇同志也是功不可没,令人钦佩不已。在我与世奇同志的交往中,我特别欣赏世奇同志的为人,他确实是一位集诚恳、正直、谦虚、大度等美德于一身的守经达权之士。我曾听说,世奇同志于1950年考入北大经济系读了一年,便被党的组织部门视为优秀干部的苗子选调到北京市委工作,本来就此便有一条从政

---

[*] 虞祖尧,中国人民大学劳动人事学院教授。

当官的光明前景之路可走,可是世奇同志却选择了宁愿清贫作寒士的学术之路,毅然决然地于1956年重回北大复学,1960年毕业留校任教,一直跟随赵靖先生从事中国经济思想史的教学研究工作,为繁荣中国经济思想史这门学科做出了自己独特的贡献,最终实现了成为经济思想史学家的理想!

世奇同志最令我钦佩的,是他的治学态度十分认真和严谨,他一方面能非常认真地研读前辈的论著和研究成果,而另一方面也能非常坦率地提出自己的观点,勇敢地对前辈们的观点进行商榷或提出批评意见,这是作为一个优秀学者最优良的品质,只有具备这样优良品质的学者才能促进学术的进步与繁荣。我认为世奇同志完全具备这样的优良品质。在这里请允许我举两个例证:第一个例证便是他发表于《经济研究》杂志1962年第10期的《简评〈中国经济思想史〉上册》一文,这篇书评既高度肯定地评价了胡寄窗先生所做出的贡献和优点,也毫不客气地批评了他所看到的"不妥当"或"不对"的地方。第二个例证便是他1963年发表于《北京大学学报》第5期的《试论魏源的经济思想》一文,就巫宝三先生《略论魏源的经济思想》一文中认为魏源对于漕盐的主张是在设法巩固封建国家财政收入的外观下,实行取消不合理的封建运销组织来满足商业资本发展的要求这样的说法提出了完全不同的意见。做学问的功力就表现在发现问题和解决问题的能力之上,而胡寄窗和巫宝三两位先生是中华人民共和国成立后开创中国经济思想史研究的先驱者,属于开山祖师级的人物,世奇同志当时则还是一个初出茅庐的青年人,就具备了与学术前辈进行切磋的能力,如果没有对学术问题作深入钻研的基础,任何人都难以达到这样的水平。所以,世奇同志是中国经济思想史领域内践行学术自由争鸣,推进学术繁荣的倡导者,我们众多的后学者在追思世奇同志的优良学风时,更应努力继承和发扬他的优良学风!

很难忘记,由于需要商讨学会的一些事务,我们学会在京的几位会长、副会长、正副秘书长常常聚集在赵靖先生的家里开会,最初赵靖住在中关园的平房,平房前面有一片小园地,夏天的时候我们在那一架长着茂密叶子的葡萄树下愉快地交换意见,后来赵先生住上了面积不大的三居室楼房,我们就在赵靖家非常拥挤的书房兼客厅内聚会。此时的世奇同志,开始担任北大经济学院的党总支书记、副院长、院长等重要职务,我始终没有看到他由于职务的升迁而在治学态度、待人接物等方面发生丝毫变化,他对待赵先生还是那么的恭敬,对待我们这些来自外校的同志还是那么的谦和,对待自己的学生还是那么的循循善诱,既严格要求,又竭诚指导。由于人大和北大的距离不远,赵先生和世奇同志的博士生和硕士生的论文答辩常常请我参加,因此,我有机会与许多学生有所接触,几乎没有一个学生不庆幸自己投到赵、石两位老师的门下,得到他们的教诲和关爱。世奇同志一生的治学生涯,一直坚守着追求真理、积极而严谨的学风,他对自己的弟子言传身教,培植了许多德才兼备的人才。我坚信,所有经过世奇同志培育的学生都会在自己的岗位上做出优异的业绩以回报老师们辛勤的栽培。

还有一件令人难忘的事情,那便是1993年前后,赵先生和世奇同志曾找我商议筹办学会的会刊,并任命我担任编辑部的主任。当时我们根据面临的"大好形势",感到学会应该趁势创办一个属于学会自己的园地,并商定刊物的名称为《中华文化与经济发展》,开始暂定为季刊,如果进展得顺利,还可以办成双月刊或月刊。这个策划如若成功,将大有利于学会的发展和壮大。当时我们没有想到的是,要创办面向全国公开发行的刊物必须要取得中宣部出版行政当局核准的刊号。由于根本无法也没有有效途径取得"刊号",他们两位这么美好的愿望终成泡影,但是他们在担任会长期间那种积极进取,谋求学会发展壮大的坚忍精神,给我留下了极深刻的记忆和激励!后来又是世奇同志积极建议,并以赵靖会长的名义,于1993年的冬天,派我远赴大连与东北财经大学的校刊编辑部商谈,借用他们的一部分版面作为我们会员和理事们发表论文的阵地。通过这些事例,我们可以看到赵先生和世奇同志这种千方百计为学术繁荣,为会员们服务的精神是多么令人感动啊!

如果真的有天堂,我想请赵先生和世奇同志耐心地等待,我一定追随两位先生,把《中华文化与经济发展》这个期刊办起来!

2013 年 4 月 5 日

怀念世奇同志

□ 王同勋[*]

石世奇同志因病医治无效，不幸于 2012 年 4 月 6 日溘然长逝。他的去世，使经济学界特别是中国经济思想史学界失去了一位知名的专家和尊敬的长者，也使我失去了一位可信赖的同志和挚友。世奇同志离开我们已整整一年了，一年来，我常常回忆起与他相处的时日，他的音容笑貌仍历历在目，怀念和哀思之情，油然而生。

世奇同志执教北京大学，我在北京师范大学，虽然同是搞经济学的，但在 20 世纪 70 年代之前，因所从事的专业不同，我们并不相识。70 年代后期，我半路出家，投身于中国经济思想史这一专业领域，才与世奇同志从相识、相知，到成为挚交、契友。

世奇同志生于 1932 年，我虽然痴长他两岁，但在专业上，我则是他的后学者。他从 20 世纪 60 年代开始，就从事中国经济思想史的教学和研究工作，参加了由赵靖先生主编的全国文科教材《中国近代经济思想史》的编写工作。该书的出版，成为研究我国近代经济思想的范本和开启之作，我从中受到过极大的启迪和教益。

我自幼喜爱文史，大学时学的是中国语言文学，后来由于工作需要，开始从事政治经济学的教学，但我对文史的兴趣从未减退，我总是在思考将经济学与文学、史学结合起来进行研究的途径。1962、1963 年胡寄窗先生的《中国经济思想史》(上、中册)的出版和 1964 年由赵靖先生主编、世奇同志参与编

---

[*] 王同勋，北京师范大学经济学院教授。

著的《中国近代经济思想史》（上、中、下）三册的出版，使我的思想豁然开朗，找到了结合的门径，从经济学教学的角度，开启了我学习经济思想史的窗扉。由于时代和环境所限，当时未能对这一课题做进一步的探讨和思考。

改革开放初期的1978年，在一次学术讨论会上，我与世奇同志相识了。谈到中国经济思想史的教学与科研现状，我们的认识非常一致。我们都认为，这一学科在经济学研究领域，大有发展的必要，然而从全国来看，无论高校或科研单位，认识上都对其不够重视，当时从事这一学科的同志也寥寥无几，必须大力提倡，使之不断振兴并发展起来。自此，我与世奇同志建立了联系，经常就中国经济思想史方面的问题交换意见。1979年，我终于走上了讲授这一课程的讲台，当时，除了中国社会科学院经济研究所之外，在北京的高校中，只有北大开设了这一课程，并且在赵先生的带领下，建立了一支中国经济思想史的教学队伍，形成了本专业的研究基地，世奇同志则是其中的骨干和主力。

1980年，世奇同志除从事中国近代经济思想史的教学工作外，还担负起讲授中国古代经济思想史的任务，我也开始了系统讲授中国经济思想史课程的教学。由于专业的改变，我虽经努力，但教学中仍存在不少难点和问题。当时，为了保证教学质量的提高，并验证我的教学效果和水平，我经常向巫宝三先生和赵靖先生求教，同时还征得赵先生的同意，到北大聆听他的讲课。赵先生建议，鉴于我和世奇同志都在讲中国古代经济思想，可以互相听听课，取长补短，共同提高。经过与世奇同志商议，我先后观摩了他关于孔丘、孟轲、荀况的教学，世奇同志也听了我关于墨翟、商鞅、韩非的讲课。课后，我俩都能就教学中的问题进行讨论，相互切磋，交流心得，并对一些观点做深入的探究。世奇同志扎实的专业知识和丰富的教学经验，以及通过刻苦钻研提出的独到见解，对我在改进教学内容和提高教学质量上都有明显的启发和帮助。

世奇同志对工作兢兢业业，认真负责，从不因个人的缘故影响工作。譬如20世纪90年代初，中国古代管理思想研究会在杭州召开理事会，会后安排去奉化溪口参观。由于负责接待会议的企业老总对参加会议的同志们十分热情，一定要邀请大家到他在慈溪的企业（金轮集团）去参观指导，而在慈溪的日程安排也很紧张，前后要用去两天时间，这样去奉化的行程只好向后推迟了。世奇同志按原定计划，应该在参观奉化后从宁波飞回北京，第二天给学生上课，参观时间推迟后，课程也就必须后延。本来，他没去过奉化，好不容易来了一趟，打电话给学校说明原因，回去后再把课补上也就是了，但是高度的责任感，使他毅然放弃了去奉化的机会，乘船到上海，直飞北京，按时回校走上了讲台。他这种对待教学高度负责的精神，得到了与会理事们的一致称赞。

世奇同志认真负责的工作态度，在对待学会的工作上，也同样如此。中国经济思想史学会由胡老倡导，成立于1980年，1982年，在上海召开了第一次代表大会，从那时起，世奇同志就被推选为理事，并先后担任学会秘书长、副会长、代会长等职，为学会的发展壮大，做了大量工作，尽职尽责，得到了会员们的一致拥戴。

1986年，学会第三次年会在北京召开，由北大负责筹办，社科院、人大、北师大协办，赵靖先生总负责，世奇同志任秘书长，虞祖尧同志和我任副秘书长。大家同心协力，从年会的选址与中心内容的确定，到嘉宾邀请、大会议程、重点发言、人员接待、食宿安排、参观访问等，都在赵先生的主持以及世奇同志的统筹和协调下，有条不紊地进行。会议开得圆满成功，胡寄窗会长、巫宝三副会长及与会同志都很满意。

1988年，在西安举行了第四届年会，这次代表大会在胡老的主持下，进行了学会领导班子的换届工作。会上选举赵靖先生为会长，世奇同志为秘书长，我作为副会长之一，与世奇同志共同协助会长的工作，自此，我们联系和交往的机会就更多了。

秘书长是领导学会全面工作的核心人物，担子很重。因此，在接受这一任务后，世奇同志立即着手组建起人员精干、高效务实的秘书组班子，大家在会长的领导下，共同推进学会的工作不断向前发展。世奇同志在秘书长这一岗位上，恪尽职守，和大家一起做了许多工作，其中主要有：

一、发展、壮大学会会员队伍。在20世纪80年代，虽然全国从事中国经济思想史学科的人员在不断增加，但与其他学会相比，中国经济思想史学会仍然是一个人数较少的学会。因此，必须不断扩大会员的队伍，壮大学会的实力。世奇同志抓紧了这项工作,与各地广泛联系,把许多中青年学者吸引到学会里来。经过几年的努力,除西藏外,各省(市)都有了我会的会员,其中还包括两名来自台湾的会员。

二、按时组织和召开年会。从1988年以后,秘书组按时联系并组织两年一届的年会,1990年在成都,随后在上海、武汉、大连等地,先后召开了年会,进行了学术交流,为会员间的联系搭建了平台。

三、开展与相关学科和学术团体的交流活动。秘书组鼓励会员同志扩大研究领域,将经济思想的研究与改革开放和市场经济发展相结合,引导会员积极参加国内外学术团体及学术活动。这不仅扩大了中国经济思想史学科的影响,也促进了本学科的建设与发展。

四、编印学会简报。通过简报,加强了会务交流以及与会员的联系,使会员能够经常了解到学会的工作情况,密切了学会与会员的关系。

五、设立科研成果基金,奖励有成就的中青年会员。世奇同志协助赵靖会长和其他副会长,在筹措资金,评选青年会员的优秀研究成果上,做了很多组织、联络工作,在大连年会上第一次对青年会员的优秀著作和论文进行奖励,开启了学会奖励科研成果工作的先河并使这一工作逐步制度化。

六、建立奖学金,资助本专业在校优秀研究生。1996年,德籍华人,获得中国经济思想史专业博士学位的北大周松波捐赠给学会一笔资金。如何运用它?赵先生和世奇同志做了仔细的筹划与商讨,经会长碰头会研究决定,建立研究生奖学金,对本专业学科点的博士及硕士研究生进行资助。资助的对象必须是成绩优秀而经济上有困难的同学。这项工作,范围较广,有一定的难度。世奇同志动员秘书组的同志负责与各高校及研究单位联系,定下了被奖励单位及研究生名额,通过导师提名、推荐,最后经评审小组评议,决出被奖励的人选。学会先后于1997、1998、1999年三次向15名博士生(每人4 000元)、28名硕士生(每人2 000元)颁发了奖学金。

以上几项工作,在推动学会发展,扩大学会影响上,都起到了极为重要的作用,而这些工作,又是世奇同志认真努力,付出艰辛劳动所取得的。因此,回眸学会建设和发展的历程,世奇同志的贡献,使我永志不忘。

我与世奇同志不仅在学会工作及专业研究上有着较多的联系,而且在私人交往上也友情甚笃。仅就喜欢文史、热爱书法上，就有相同之处。我俩有时谈到古今书法之流派及传承评价时，也很投机。他收集珍藏了不少书法作品，除名家外，还有一些相识的知识界人士，其中与我有交往的，像北大历史学家罗荣渠教授，他的一幅书法作品就笔走龙蛇，颇具大家风范。世奇同志曾嘱我给他写一条幅，但我的字实在难登大雅之堂，所以就请启功先生的嫡传弟子、北师大艺术学院书法系系主任秦永龙教授代为书赠，内容是唐代王维《山居秋暝》中的"空山新雨后，天气晚来秋；明月松间照，清泉石上流。"的诗句。世奇同志拿到作品后，非常高兴和满意，连称佳作，赞不绝口。

2009年10月中旬，在北大召开了中国经济思想史学会纪念"中华人民共和国成立60周年中国经济思想史学术研讨会"，世奇同志抱病到会，看望了与会的同志。10月21日，世奇同志又坐着轮椅，到八宝山参加了郑学益同志的遗体告别仪式，在哀痛中我们只有相互勉励，希望他保重身体，逐渐康复。不期这次见面，竟成了最后的诀别。世奇同志走了，但他的音容和言行，将永远铭记在我的心中。

2013年4月21日世奇同志忌日

追思与怀念

□ 朱家桢[*]

我和石世奇同志虽不在一个工作单位,但自1980年中国经济思想史学会成立时起,我们作为学会的理事,就已经相识了。那时学会的总部设在上海财经学院,学会工作的重心也在上海。1988年学会第四届年会在西安召开,会上赵靖同志当选为会长,我任常务副会长,石世奇同志时任秘书长。此后,学会工作的重心也由上海移至北京。学会设立的常务理事会会址就在北京大学经济学院。随着会务工作的展开,我和石世奇同志的联系和交往就更多了。由于学会挂靠在中国社会科学院,我作为学会的常务会长,主要工作就是与中国社会科学院和民政部打交道,即向上面汇报学会工作展开的情况,如学会的学术活动、经费的收支、年度总结、年检等,同时传达、贯彻社科院和民政部对我们学会工作的意见和要求等。至于学会本身的经常性工作,如与各地院校及会员的通讯联系、收集会员的有关学术动态,开展国内外学术交流,撰写和印发学会简报,拟定学会工作计划,发展会员,筹划下届年会选址以及颁发本专业的青年学术成果奖等事务,都由会长和秘书长召集在京的常务理事会讨论决定后(并征得外地的常务理事同意),交秘书处负责实施。具体地说,大量会务工作都是由会长和秘书长操劳的。学会的常务理事会经常是不定期地在会长家里召开,谈论、研究学会的工作。会议都由会长主持。在我的印象里,世奇同志说话很少,他是一个说话少、做事多的实干家。

---

[*] 朱家桢,中国社会科学院经济研究所研究员。

1999年7月,学会接到民政部关于要求超龄的学会负责人不再担任领导职务的通知,随即赵靖会长和叶世昌副会长正式提出辞呈。学会常务理事会面临着遴选新会长和重组常务理事的迫切任务。由于世奇同志十几年来一直担任秘书长一职,对学会工作和各方面的联系最为熟悉和了解,因此一致推举他为代理会长,负责与各地会员联系和做工作,确定翌年在上海举行下届年会,提出新会长和新领导班子的人选。在世奇同志的积极努力推动下,在2000年的上海年会上,选出了新会长和新领导班子,顺利完成了新旧领导班子的交接工作。纵观我们学会,自成立以来,虽然人数不多,体积不大,但各项工作却开展得有声有色。对加强会员间和国际间的学术联系和交流,推动本学科的教学和科研发展,都起了很好的促进作用。这与作为秘书长的世奇同志长期以来尽心尽力的工作是分不开的。

对我们学会来说,秘书长是一个要干实事且工作繁重的职务。虽然在民政部颁发的关于学会组织的章程里,明文规定秘书长应是专职的,但对我们学会来说,专职秘书长是不可能的。世奇同志在学校任职经济学院院长、党委书记、教授和博士生导师,承担着繁重的行政、科研和教学任务,在这种情况下,他能尽心尽力地把学会工作做好,这种认真负责的精神是值得称道和学习的。

世奇同志作为教授和博士生导师,他对教育和培养研究生工作的严谨精神,我深有感受。在北大经济学院,凡有中国经济思想史专业的博士生论文答辩,都聘我主持答辩会。在由我主持由他指导的博士生论文答辩中,我了解到,他指导研究生做论文,十分认真细致,从论文的选题,到论文的撰写、修改,一稿、二稿、三稿;每稿都认真批阅,提出修改意见,坚持高标准、严要求,一丝不苟、精益求精,直至论文满意、定稿。从而保证了论文的质量,得到答辩会专家的一致好评。从这里可以看出他对学术研究的严谨学风和对培养研究生的认真负责精神。

世奇同志是一位为人谦和、工作踏实、学风严谨的学者。斯人已去,但他的人品与风范,则深深留在了人们的怀念中。

2014年9月1日

执着专业　尊师楷模
——缅怀石世奇先生

□ 叶　坦*

这几年,自己写的文章里面,有关对学界前辈的追忆与缅怀开始占据一席之地,可怎么也没想到要写石世奇先生!

屈指算来,从我第一次见到石先生至今已有27个年头了。那是我考取中国社会科学院博士生次年的1986年春夏之交,衔导师巫宝三先生之命初次到北京大学中关园赵靖先生家中拜访,石先生也来一起见面。两位先生对社科院本学科初招的博士生笑容满面,语重心长。他们都是高高的个子,算不上很魁梧,却在我的心中留下了那么伟岸的印象。

时光荏苒,这些年来因石先生身体的缘故,我和他的见面并不多,主要是通过电话联系,内容则多和中国经济思想史研究以及学科或学会的发展等相关。这其中,有一次通话是我终生难忘的!那是2007年8月9日,石先生来电话告知赵靖先生前一天逝世的噩耗,电话两边的哽咽对方都可以听得到,那情景仿佛永成定格……后来我写了《景行化雨　史通古今——追思赵靖先生》[1]的文章,记述了自己的真切感怀,也产生了一些反响。两年之后,2009年10月15日,郑学益先生英年早逝,当天我也接到了来自医院的不幸讯息;两日后,适逢"建国六十周年中国经济思想史学术研讨会"在北京大学经济学院召开,石先生带病出席并和我们亲切地握手。会议开幕式上全体与会者为

---

* 叶坦,中国社会科学院经济研究所研究员。

〔1〕《景行化雨　史通古今——追思赵靖先生》,收入石世奇、郑学益主编:《寸草集——深切缅怀赵靖先生》,北京大学出版社2008年版。

学益兄默哀悼念,主席台上石先生那苍白的面容也让我心里沉甸甸的……。又过了两年,也是北京金秋的2011年10月,得知石先生住院的消息,我便和同事魏众(经济所现任经济思想史研究室主任,也是先生的学生)赶到医院探望。午后的阳光为石先生夫妇所住的狭小病房增添了几分和煦,来探望的师生挤得满满的,大家看到这里成了石先生老两口的"家",心里很不是滋味。不过,清瘦了许多的先生精神还不错,辨认着每一位来看望他的人并连连致谢。或许是久未谋面,先生一下子竟然没有认出我来,当我报上姓名并说是他的学生时,他立马认出了我,还指着年轻学者纠正道:"他们才是学生,咱们是一辈儿,都是赵先生的学生。"这让我实在不敢当。真没想到,半年之后的2012年4月6日中午,电话里传来周建波沉重而沙哑的声音……我知道,无论相信与否,石先生已经离开了我们。我因故无法为之送行,心中的痛确是真真切切的!

在我国学界,中国社科院与北大有着千丝万缕的联系,特别是在经济学、经济史学领域,从老一代学者开始,两个单位的学术关联就密切而特殊。先师巫宝三先生对北大经济系(学院)有着至深的感情,他于1930—1932年在清华大学师从陈岱孙先生,在岱老仙逝后著文《缅怀陈岱孙老师》,以表达对老师由衷的尊敬与缅怀之情;还谈到其感受极深、毕生难忘的一件事,"我任北大兼职教授,1980年去北大讲课时,没有想到,岱孙老师以80高龄与同学一道来听讲,并且自始至终听到完。"[1]巫先生还对我多次谈到,研究经济史可以请教陈振汉先生,我知道他们不仅都是哈佛博士,而且有着大半生的情谊,还曾因共同提出对经济科学工作的一些意见而一起受迫害。在学术和研究上,社科院(原为"中科院")经济所与北大经济系(学院)保持着长年的合作交流,如岱老曾出任经济所学术委员会副主任、陈振汉先生曾担任经济所兼职研究员和《经济研究》编委;巫先生不仅兼任北大教职,而且合作成果如纪念岱老执教55周年的《经济思想史论文集》[2]至今彪炳史册。在本文写作过程中,惊闻北大胡代光先生辞世(2012年12月22日),1946—1947年他在南

---

[1] 巫宝三:《缅怀陈岱孙老师》,载《群言》1997年10期,该文以《学而不厌 诲人不倦》为题收入刘昀、王曙光编:《岱岳长青——陈岱孙纪念文集》,北京大学出版社2012年版。
[2] 巫宝三、陈振汉等著:《经济思想史论文集》,北京大学出版社1982年版。

京中央大学研究院的导师就是巫先生;其从六个方面记述巫先生对中国经济学做出贡献的《深切怀念巫宝三老师》[1]一文,我是难以忘怀的。

在中国经济思想史方面,巫先生也非常重视北大。1985年本学科在全国首次招考博士生,共录取两名。北大赵靖先生招的是张鸿翼兄,巫先生录取的是我。入学不久,巫先生就嘱我多向赵先生请教,促我接受本门指导之外兼受更为广博的学术指导,于是我也时常"立雪赵门"。到1988年,赵先生主持了我的博士论文答辩并予以高度评价;巫、赵两位先生同为修改出版的专著《富国富民论》撰写序言;1992年,赵先生推荐我破格晋升研究员,褒奖有加寄托厚望。可以说,我攻读的是社科院的博士,同时也一直接受北大老师的指导栽培,不仅聆听赵先生的谆谆教诲,也不时求教于石先生。

石世奇先生(1932—2012),1932年4月1日生于天津,祖籍浙江绍兴。北京大学经济学院教授,经济思想史专业博士生导师,1992年获得国务院颁发的政府特殊津贴。从1988年到2000年间,他先后任中国经济思想史学会秘书长、副会长、代会长。

"执着专业"是石先生从学、治学和教学的鲜明特征。他曾两度进入北大经济系学习,对专业有着超人的执着!2005年,北大经济学院成立20周年,他撰文《两进北大经济系》[2],谈其深受国学熏陶喜爱历史,认为要治史须先学好理论。1950年,他从南开中学毕业便考入北京大学经济系。然而,7个月后就被调至中共北京市委政策研究室工作,但几年的工作并没有磨灭他求学的热望,1956年再度考回北大经济系。1960年,留校任教,自此开始了他执着专业长达半个多世纪的学术生涯。他还先后任经济系党总支书记、经济学院副院长、经济学院院长。他为中国经济思想史学科的教学和研究、为北大经济学科的建设与发展做出了不可替代的贡献。

众所周知,中国经济思想史是一门具有鲜明的跨学科性质的学科,其最根本的学理基础就是经济与历史,而漫长且发达的古代中国蕴积的深厚传统

---

[1] 胡代光:《深切怀念巫宝三老师》,载《高校理论战线》1999年第10期,并收入其文集《经济理论和政策问题研究》,北京大学出版社2005年版。

[2] 石世奇:《两进北大经济系》,收入北京大学经济学院编:《北京大学经济学院(系)100周年纪念文集:百年华章》,北京大学出版社2012年版。

文化,就成为其植基的沃土和荟珍的宝库。恰恰是这些学科的特质,强烈地吸引着该学科的从业者,尤其是像石世奇先生这样执着于此的学者。理论探索的较早体现是他在大学四年级的时候(1959年),就在北大学报发表长文,尽管现在看来不免有那个时代的鲜明痕迹,但其理论追求却依稀可辨。经济学的扎实训练与传统文化的特殊爱好奠定了他从事中国经济思想史研究的基础。留校次年,他便开始参加由赵靖先生主持的《中国近代经济思想史》的编写工作。那是教育部高校文科教材办公室组织编撰的教材,由赵先生和南开大学的易梦虹先生任主编,参加者除了北大"子弟兵"外还有其他单位的,主要有石世奇、常卓超、姜春明、汤照连、薛汉伟等,以及曾与巫先生一起编写《中国近代经济思想与经济政策资料选辑1840—1864》[1]的冯泽、吴朝林等先生。这也说明,自中国经济思想史学科起步始,北大经济系与社科院经济所就密切相关,互相促进。石世奇先生作为赵先生的得力助手参加了上述工作,历时三年完成,1964—1966年分三册由中华书局出版,此后1980年又出版修订本上、下册;1982年出版与之配套的《中国近代经济思想资料选辑》三册。可以认为,这些书不但培育了全国一代代本学科的专业学者,而且将专业知识普及和传播到了更为广阔的领域。对于石先生而言,上述工作不仅为他此后的中国经济思想史教学和研究打下了坚实根基,也满足了他当年报考北大时想要既学经济又兴趣在历史的初衷。从此,石先生便终生追随他的老师赵靖先生从事本学科的教学和科研工作,也被学界传颂为尊师重教的楷模。

我常想,一个有大成就的学者除了靠自己的天分、悟性和努力外,有幸遇到好的老师也很关键;然而,一个有影响力的学术带头人及其重要学科点的发展,则还需要有体制、组织、资源等的保障。在我国,这些保障往往离不开"官"!如果学术带头人自身执学术权柄,或其故旧、弟子操体制资源,则会对其学科发展有很大的助力,离开组织保障很难有大的作为,当然遇到有识而英明的领导则另当别论。似乎能够说,一个有大成就的学术带头人后面会有

---

[1] 巫宝三、冯泽、吴朝林编:《中国近代经济思想与经济政策资料选辑1840—1864》,科学出版社1959年版。

一个好领导！众所周知,赵靖先生作为一代名师为大家由衷景仰,而北大中国经济思想史学科的学术地位,则与他身旁自始至终恭执弟子礼的"副手"——石先生密不可分！

如前所述,石先生长年担负着北大经济系、经济学院的组织领导工作,几十年来他对恩师诚敬尊重,对本专业执着坚定,不愧"尊师楷模",如若仅仅视之为他的个人品格却远远不够。一般说来,"尊师"是弟子的本分,尤其是习国学之人,而一旦当了领导,困难就会增加,要考虑的问题也会多起来,但石先生不然。个人尊师值得肯定,但领导尊师则意义重大。并不是说当领导的只尊自己之师、发展自己的学科,石先生对前辈学者都相当尊重,他重视和发展的是整个经济学。这与之"真爱"中国优秀传统并身体力行不无关系,更是他对"学术"发自内心的尊崇敬重使然。

从初次见到石先生之后,几十年来无论是学位论文撰写的请教,还是对专业问题的讨问,抑或学会工作人才培育的交流,如此等等,我都深有感触。可以说,他尊师敬业,是其对学术、对专业高度理性认知的结果;换言之,他在老师、在学术面前一直视自己为弟子和学者,而从不是领导。在北大那些著名的中国经济思想史的学术成果中,他的位置总是"副主编"。最具代表性的是《中国经济思想通史》四卷本(赵靖主编、石世奇副主编,北京大学出版社分别于1991、1995、1997、1998年出版,修订版于2002年出版;此后2004年出版《中国经济思想通史续集》)。这是本学科20世纪科研成果的里程碑,全书共4卷13编85章,洋洋180万言;研究撰著历时十余载,内容起自上古止于1840年,时间跨度达四千年之久。这是全体作者共同努力多年耕耘的成果,更是凝聚着主编的无数心血和精力的结晶。石先生不仅承担撰著,还辅助赵先生统理全书,做了大量工作。

我曾应邀为此书写评介,深感中国经济思想史经历了半个多世纪学术发展的艰难历程,到20世纪末才具备写出中国经济思想通史的成熟条件;而中国改革开放和经济建设的发展对中国经济思想史的研究提出了新的时代要求,使写一部贯通古今而又以科学的理论为指导的中国经济思想通史成为可能;而要将可能变为现实,此时唯北大能够担此重任。我试图将《通史》置于中国经济学术发展史之中来分析,主要就其理论方法、创新意义、撰著特色以及重要贡献等提出一些看法。我在建构了写作的基本架构后,到石先生家里听取意见。他非常客气地说:"叶坦同志(他一直这样称呼我)你是专家,人家请你写很合适,我谈不出什么意见,听赵先生的意见就可以了。"在我的坚持下,他终于接过我手中的提纲,并耐心听我说明,最后说:"这个书内容比较多,思路也主要是赵先生的。你的考虑很周全,也很有深度,不过最好要突出重点。"我知道一些内容要精减才行。他肯定了我透视该书的创作史,将其创作的重要特色归结为"三个有机结合"——专业人才的培育与学术著作的撰写有机结合、经济思想史与社会经济史有机结合、理论创新中的研究模式与具体史实的有机结合。接下来,他说欣赏我总结此书的"三条主要线索""四大基本特征"以及若干具体论点,并鼓励道:"你完全可以写好,这我很清楚,你不必紧张。当然这不同于一般的书评,你说是评价20世纪的本学科研究所以要慎重也对,有这样的认识就很重要。"终于,我历时三载撰成近3万字的长文《史通今古　学究天人——经济学术史中的〈中国经济思想通史〉》,及其修改稿《二十世纪中国经济思想史研究的鸿篇巨制——评〈中国经济思想通史〉修订本》[1]。在整个写作过程中,我得到了赵先生和石先生的一再赐教,因此这也成为我深入理解北大本学科的特别经历。

石先生个人的治学重心在中国古代,我的研究也是以传统经济思想为主,这也成为我请教他的又一缘由。古代是思想史的源头不容忽视。石先生很博学,从先秦诸子到宋明大家,都能够信手拈来,深入浅出,国学功底相当深厚;而且他十分谦逊,尤其是谈到宋人的思想观点,每每以"这个你有研究"发语,弄得我很不好意思。石先生发表过许多中国古代经济思想的研究论文,涉及的时代和思想家相当广泛。但是,他的研究绝非"以古论古"或驻足于"发思古之幽情",而是既蕴理论探索与学理思辨于其中,又强调"古为今用"启迪继承与发展,这些也恰是本学科研究之"瓶颈"。

在石先生的论著中,我很注意《论欲望、稀缺与先秦经济思想》[2]一文。

---

[1] 前者为2002年9月提交中国经济思想史学会第十届年会论文;后者载《燕京学报》新14期,2003年5月。
[2] 载《经济科学》2002年第5期;收入其文集《中国传统经济思想研究》,北京大学出版社2005年版。

欲望、稀缺等均属于现代经济学范畴,如何能够同古代中国的先秦经济思想相联系?石先生对儒家、墨家、道家、法家诸家经济思想中的相关论点逐一进行实证考察,尤其对荀子的"欲恶同物,欲多而物寡,寡则必争矣。"(《荀子·富国》)浓墨重彩深入分析。他认为荀子的经济思想达到了先秦经济思想的最高水平,形成了一个以欲望和稀缺为出发点,以"明分论""富国论"为主要内容的,包括制度安排和对生产、分配、交换、消费各个环节的论述在内的完整的思想体系。因此他认为,如果说荀子的经济思想"已经形成中国古代的有自己特色的经济学,似乎并不过分"。进而,在实证考察的基础之上,他进一步进行理论分析,以诠释先秦的经济思想与现代经济学的欲望、稀缺等概念为何可以关联。他指出:"这是由于人的欲望和物的稀缺之间的矛盾是人类社会,从原始社会直至当前共同存在的社会现象。"但是不可否认"先秦与现代的出发点虽有共同之处,但所面临的社会生产力和社会制度不同,提出的主张是不同的"。即为解决欲望和稀缺问题所设计的制度安排会随着不同的时代而不同,这些不正是经济学要解决的基本问题吗?由于经济学"贫史症"的存在,似乎到严复翻译《原富》中国才移植来"经济学"(据本人考证,即使仅仅是西方经济学的中译,在此前也有若干种)。除了"舶来"的经济学,仿佛赓续数千载、经济文化发达先于西方若干世纪的中华文明中并无"经济"!或者全然割裂儒学与经济的共存史实,用"讳言财利"一言以蔽之。实际情况却不然,中国不仅有着丰富而悠久的经济思想,而且许多学说均领先于别国并在海内外产生了深远影响。直至今天,中国的经济改革和现代化发展对世界经济学术的进步同样具有重要意义,石先生的研究就提供了重要证据。

石先生主张"学以致用",强调"古为今用",他的《中国古代经济思想在当代市场经济中的作用》[1]最具代表性。这是由他在日本名古屋第二届中日经济学术交流会议的演讲和在名古屋市立大学经济学部所作的演讲综合整理而成的。文章指出,中国古代有灿烂的传统文化,其中也包括了丰富的古代经济思想。中国古代经济思想对中国走向近代社会具有消极作用,但对中国

---

[1] 载《北京大学学报》1999年第2期;同收入《中国传统经济思想研究》。

近现代的经济发展有着不可忽视的作用,古代经济思想中的精华也会对当代市场经济产生积极作用。由于中国古代具有繁荣的商品货币经济,因此古代经济思想不仅有适应自然经济的一面,也有适应商品货币经济的一面。作者明确指出,中国古代经济思想在当代市场经济中主要有以下作用:一是具有规范市场经济的作用;二是具有国家对市场进行宏观调控的启发借鉴作用;三是具有对企业经营管理的启发借鉴作用。应当说,这些论点都是很有见地的,对东亚学界颇有启迪。

石先生对日本研究中国经济思想史的同行也很注重,对本学科的对外交流倾注了不少心血。1990年,我曾陪同日本著名的中国经济思想史学家桑田幸三教授访问北大(我们还翻译其《中国经济思想史论》,该书在北京大学出版社出版),与赵、石、郑先生等热情会面并深入交流。2003年,川口浩会长率日本经济思想史代表团首次来访,我在日本时参加过他们的一些学术活动,因此由我接待他们访问社科院后联系访问北大。尽管他们是研究日本经济思想史的,北大几位先生并不太熟悉,但在我联系时先生们都予以积极支持,石先生的勉励更使我信心倍增。中日两国学者在北大热情交流,互赠著述,对此后两国经济思想史的学术交流具有重要意义。

在我求学和治学的道路上,我深深地感激石先生对我的支持、帮助、教导、鼓励。他给人留下的是儒雅清逸的深刻印象,他的书房高雅清幽墨香凝远,他的为人和蔼洒脱沉稳谦逊;他淡泊名利教书育人,尊师爱生深得爱戴,他的品格风范将永远激励后人不断前行。

2013年3月4日

远去的身影　永久的纪念

——写在石世奇教授去世三周年之前

□ 韦苇*

石世奇先生离世已经两年半了,北京大学经济学院准备赶在他去世三周年之前为石先生出版纪念文集。约我写一篇文章,谈我认识的石世奇先生。我既觉得责无旁贷,又觉得诚惶诚恐! 因为石先生是我们的师长辈,是我们中国经济思想史学会第一代创始人和领导人之一,是我进入这个学科的领路人之一,所以一定要写。然而,毕竟不是先生的嫡系弟子,和先生近二十年的学缘情谊,只是半个月的师资培训,学术会议的数次相聚,更多的是拜读著述,领会思想,充其量是个私淑弟子。凭我的记忆写出的文章,必定浅薄,恐有损于先生的光辉。所以,又犹豫再三,迟迟不能动笔,拖至今日。最终还是动笔,偿还这笔心愿,也许,正是我特殊的视角,特有的记忆,能为石先生的形象再添一抹鲜活生动的色彩。

一、临风玉树,仙风飘然——广东会议初识印象

1984 年初夏,在广州召开的中国经济思想史学会第二届年会上,我第一次见到了当时学会的主要领导成员胡先生、赵先生、叶先生还有石先生。石先生总是跟赵先生在一起。那时我还是个刚留西北大学工作两年的小助教,在这么多的学术大师面前,须敛气息声,是不敢大声喧哗的。总是老先生们

---

* 韦苇,西北大学经济管理学院教授。

看见了问到了,我便毕恭毕敬地回答:"我是来自西北大学的,是何炼成、王一成的学生。"基于老先生们和我的两位恩师的友谊,他们对我也很亲切、很客气,总是鼓励几句,并要我回校转达他们对我的两位恩师的问候。和石先生也是这么认识的。在老一辈先生中,他是最年轻的一个,所以石先生给我的印象不同于老先生,没那么威严却有几分淡定。高挑修长的身材,清俊白皙的面庞,细眉慧目,言谈简约如清风细雨,举止舒缓庄重,甚至有点前清光绪皇帝的遗韵。我心中暗自赞叹,竟然有这样清奇俊秀的学者!是灵山的一块奇石跌落人间了吧?真是人如其名,名副其实啊!广州会议前后五天(中途还去了深圳参观蛇口工业区),但一路和石先生没机会说上几句话,只是如现在的粉丝们一般,跟在他和赵先生身后,暗自欣赏着这两位学界领袖的风采。

二、半月师生缘,一世北大梦

我青少年时期,受杨沫的《青春之歌》影响很深,一直做着北大梦。但"文化大革命"使"老三届"的大学梦破灭了。"文化大革命"结束之后,我成为"老三届"中的佼佼者,有幸考入大学,但并不是十年前梦寐以求,志在必得的北大,而是地处西北一隅的西大,也是百年老校,这就很幸运了。我自觉此生和北大无缘,因为北大在1982年曾举办过为期一年的中国近代经济思想史师资培训班,那时,我刚留校半年,没能够争取到这次到北大学习的机会。广州会议之所以很难和几位老先生过多接近,是因为他们都有一拨自己的学生前拥后呼,赵先生、石先生也如此。我好羡慕他们啊!但上天不负苦心人,还是给了我机会进入北大,坐在教室里聆听赵先生、石先生讲课。尽管只有短短的半个月时间,但毕竟圆了我的北大梦。那是1987年元月10日到元月25日,北大经济系利用寒假期间,举办了一次短期的中国经济管理思想史师资培训班。我刚刚结束了在复旦叶世昌先生门下的进修学习,元月5日离开复旦回西安放下行装,元月8日又背着背包乘车北上了。在两周的日程中,课程安排得满满的。采用的教材是赵先生新著的《中国古代经济管理思想概论》,该书第一次把经济思想史拓展为经济管理思想史。当时企业界刚刚兴起管理思想史的研究,以研究《孙子兵法》中的管理思想为主,大有以《孙子兵法》的思想取代正宗的经济思想的趋势。所以,北大举办的这个师资班时间虽短,却从源头和主流上梳理了中国经济思想史中的重要组成部分——管理思想史的基本内容,确立了理论体系,起到了正本清源的作用。《孙子兵法》及其他兵法论著、军事思想只是管理思想史可以移植借鉴汲取的一个支流。此次培训班,赵先生、石先生是主讲,还安排了郑学益等几个博士讲了部分章节。我至今还记得,赵先生讲的是荀子、管子的宏观管理思想——富国富民思想。石先生讲的是以白圭为代表的古代工商业微观经营管理的学问——治生之术。两个人的讲课风格迥异、对比强烈而又相映成趣!赵先生目光如炬,声若洪钟,听之令人如饮一杯甘醇的浓酒,为中华民族思想宝库的丰富遗产而热血沸腾!石先生音质清纯,不紧不慢,清风化雨,听之令人如坐春风,如饮一杯淡雅的绿茶,为古代先贤的博大智慧而茅塞顿开!我至今记得,石先生阐释白圭的"乐观时变""取与以时""趋时如猛兽鸷鸟之发"就是善于观测商机,抓住商机!这证明古今的经商之道是相通的,古代商人的治生之术就是今天的工商业经营管理学。当他讲到白圭的用人思想和"智勇仁强"的企业家素质理论时,还诙谐幽默地说:"白圭是中国历史上第一个讲学授徒的商学教授,也是第一个把孙子兵法的军事管理与人才思想移植到工商业经营管理上的人。"石先生对白圭思想的这些精妙总结和评价对我影响深远,我在20余年的讲课中,一直引用至今。

半个月的培训班时间虽短,我却从此也成为北大的学生,成为赵先生、石先生的门下。

三、几次学术会,聚散皆有缘

经济思想史学会的年会,每两年举办一次,但在20世纪八九十年代,我作为一名小字辈的普通会员,还不是每次都有机会参会(由于经费紧张,西大的我和王一成先生,也只能一人与会)。有时我去了,石先生却未参会。清楚地记得有一次会议(可能是1994年武汉会议吧),未见到石先生,听说是他时任北大经济学院院长,因工作繁忙走不开,我便有些失落。记忆最清楚的相遇有几次,首先是1988年5月在西北大学召开的中国经济思想史学会第四届年会,我们是承办单位。那次会议完成了首任会长胡寄窗先生和第二任会长赵靖先生的交接,石先生在这次会议上当选为学会秘书长。那时,我刚担任西大经济学系副主任不久,协助王一成先生办会。由于经验不足,在安排会议日程(五天时间)和老先生们及学者们的吃住行(去东、西线考察旅游)时一切显得力不从心,有点手忙脚乱。多亏了老先生们的包容担待和石先生及谈敏博士(他当时是学会的前届秘书长,是胡老的博士生和助手)的帮助,方使会议开得圆满成功。在陪老先生们观看东线秦始皇兵马俑馆和西线乾陵时,我有机会跟在身边聆听石先生和赵先生的亲切交谈,再次感受石先生那种不显山露水,娓娓道来,却又博大精深的谈古论今的风格,如沐春风一般。

时间到了20世纪90年代后期,记不清是1996年还是1997年,我当时任西大经管院副院长还兼着经济学系主任(还有点小权力,能够接待客人,所以记着),赵先生和石先生来西安开会(不是我们学会的会,可能是某企业开的什么会),何先生首先得知消息,要我安排接待,因为自西安会议一别,再未与老先生们见过面。而此前几年,赵先生为我们的《中国经济管理思想史》写了书评,给予了很高的评价,并把它推介给学术界,何先生很是感念!他们下榻在东郊建国饭店,我和一位系副主任请赵先生和石先生来到西大,三位老先生久别重逢,恳谈友谊,我们在一边作陪,聆听他们的交流。我们还在西大门外的餐厅吃了顿便饭。那时,就那样的招待水平,现在想起来还很过意不去。第二天,我和那位系副主任陪同两位先生去东线旅游。这次就我们四人,我可以更好地为两位先生服务,做他们的导游。我们一同看了华清池,较之七八年前修缮一新,站在兵谏亭前,听两位先生高谈阔论西安事变的历史意义;我们又参观了在贵妃池遗址上新盖的芙蓉汤,老先生们又对《长恨歌》发了一番感慨。兵马俑馆开发了第二馆、第三馆,两位老先生看得兴致勃勃。可中午吃饭,却在兵马俑馆外面的一家小饭馆受宰,花的钱比先一天在西安还多点,饭菜数量和质量却差远了!我自觉不好意思,还想再加点菜。但赵先生却笑呵呵地说:"韦苇,你不必介意,我们四个人,都是小肚量,够吃就行。这才不浪费啊。"石先生更是幽默地说:"看来,西安的物价也不低啊,旅游点饭店宰客,旅游环境尚需治理啊。呵呵,秦始皇的余威管不到地面上来啊。"我们都笑了。我确实和先生们没有距离感,他们这么体谅我。我也就再没客套了。

大约在2001年或者2002年的全国政协会议开幕前夕(3月2日),我约叶坦同行去看赵先生和石先生。到了北大中关园赵先生家,赵先生和夫人非常高兴我们的造访,老两口香茶水果尽其所有招待我们,还立即打电话邀请石先生和郑学益教授前来。这个时段,石先生还住在北大中关园,距赵先生家不远,后来的几次拜访,赵先生说石先生搬家了,住蓝旗营,有些远。大家见面,互道寒暄,话题主要集中在新修订的《中国经济思想通史》四卷本上,赵先生兴致勃勃,神采飞扬,如数家珍般地给我和叶坦解说新旧版的区别与改进,还敦促我曾答应过的书评要尽快写出来。石先生依然平静如水,在一旁笑吟吟地陪我们倾听,偶然插一两句补充。这时,两位先生依然健康,没有任何老态和病态。只是赵先生说他眼睛视力有点下降。这时,郑学益还担任经济学院副院长,有点小权力。赵先生要他在院内小餐厅安排了顿午餐,我和叶坦均说:"我们来看望两位先生,买单我们自己来,就不要让郑老师为难了。"赵先生还幽默地说:"学益现在是副院长,他有这个能力。你是西大经管院副院长,叶坦是社科院研究所的,他应该接待。那次我们到西安,你不是也接待了吗?"赵先生重提往事,又勾起我们对在秦始皇兵马俑馆外吃饭受宰的回忆。石先生慢声细语地补充细节,引起我们的欢声笑语,这成为我们那顿午饭谈笑风生的话题之一。这次是极难得的一次五人相聚。此后,两位先生再没出席过学会的大型年会。

最后一次见到石先生是2009年10月17日在北京大学经济学院召开的中国经济思想史学会"中华人民共和国成立六十周年中国经济思想史学术研讨会"上。当时,郑学益教授刚刚去世(10月15日晚),开幕式上为他举行了短短的追悼仪式,大家的心情还在沉痛凝重之中。在开幕式与主题发言的间歇之间,石先生的高足周建波教授通报,石世奇先生要来看看大家。接着石先生坐着轮椅被推进会场。几年不见,先生怎么就病成这样了?本来就清瘦的人更显得形销骨立,只是高挑的身躯腰板还依然挺直,虽面带病容但那双细长的眼睛依然清亮。因为患肺心病,呼吸急促,戴着口罩,他说话已经很困难了,但坚持站起来向大家连连拱手致意。会场里,人们一时感情涌动,大家争相拥上前去和他握手、问候。我本来因学益教授的去世拭泪不干,怎能带着眼泪去问候病人?赶紧三把两把抹净眼泪,挤上前去,和先生握握手,说了声:"石老师,我是韦苇,您多保重!"眼泪已经盈眶,就再也说不下去了!先生拉着我的手,摇了摇,眼角浮着笑意,向我点点头,表示他记着我。别的人挤过来,我就退在一旁心酸地看着石先生和大家惜惜握别……先生和大家心里都清楚,此别可能成终古了!果不其然!此后的两年多,开会见到建波教授,问到石先生,总是回答先生还在卧病中……

2012年4月6日,我收到建波教授的电话和邮件,是石先生去世的噩耗和北大的讣告!我顿时泪如雨下!急急草草地就一篇悼文,发了过去,以表达我们西大三代经济思想史学人对先生的深切缅怀与哀悼之情。现载如下:

北京大学

石世奇教授治丧委员会:

  惊悉石世奇教授不幸去世,深感震惊与悲痛!

  石世奇先生是中国经济思想史学界的著名学者和中国经济思想史学会前期卓越的创始人、领导人之一。多年来,他协助赵靖先生为本学科和本学会的建设与发展做出了重大贡献,且他本人的学术建树也造诣深厚,影响深远。作为一个参加过北大中国经济思想史师资短期培训班,有幸聆听过石先生讲课的后学,尤其是在学会二十多年的学术活动中,我从石先生那里,学到了影响我后半生学术道路的思想智慧和作为学者的气质与品格。

  现在,石先生离我们去了,中国经济思想史学界又一颗巨星陨落,这不仅是北大的重大损失,更是我们学界、学会的不可弥补的重大损失!仁智的先驱完成了自己的历史使命,后继者更感到任重而道远!挽歌当哭,我,并代表石先生的生前友人、西北大学何炼成教授,西北大学青年教师赵麦茹博士向石世奇教授的在天之灵致以深切的哀悼,祝石先生在回归天堂的路上一路走好!并请治丧委员会向石先生亲属转达我们的衷心慰问,请他们节哀保重!

  此致不尽的哀思与追念!

中国经济思想史学会副会长 韦苇
西北大学经济管理学院教授
2012年4月6日

四、不凋的绿叶,永远的榜样

在此文结束之际,我想到这个主题,我以为这可能是许多朋友和我共同想到的关于石先生和赵先生关系的点赞之词!我们这个学界的老一代学人,人人都是学问和人品双馨的巨星:巫老,胡老,赵先生,叶先生,石先生,虞祖尧先生,王同勋先生、何炼成先生,李守庸先生……他们不仅是学术泰斗,更是做人做事的道德楷模!然而要论在同一单位,同一学科,共同为之呕心沥血创建一部部标志性学术成果,打造一座座学术丰碑却不计个人名利,成为一对几十年不离不散的学术搭档,却唯有赵先生和石先生!他们合著的专著有多部,具有代表性的有:《中国经济思想通史》(四卷本)、《中国经济思想通史续集》《中国经济管理思想史教程》《集雨窖文丛》等。总是署名:赵靖主编,石世奇副主编。他们精诚合作,在他们的带领下,成长起来了郑学益、周建波、张亚光、王曙光等后学,使北大经济思想史学科的梯队薪火传递,代有传人。成为这个学科在全国的传统领地和精神家园。不仅在合著上并列其名,而且在学术会议的会上会下,也总能见到石先生跟在赵先生身旁的身影。一个高大伟岸,一个修长潇洒,一个是兄长,一个是学弟,一个是主帅,一个是高参,一个是霜叶红于二月花,一个是竹叶潇潇永不凋!乃至我此前写悼念赵先生的文章,与此次写这篇回忆石先生的文章,总是你中有我,我中有你,难以把两人分开。这种由学缘结成的挚友至交关系,在学术界被传为美谈,成为榜样!使人不禁想到了马克思与恩格斯,为了一个共同的高尚目标,走到了一起,相随到生命的终点!关系亦师友,如兄弟,清纯如水,又浓于血缘!

先生们远去了,那高大的身躯,那挺直的脊梁,曾撑起一座辉煌的学术殿堂,走后仍留下一片阴凉,一座宝库,护佑着,导引着后学跟随着他们的足迹,继续拓展着经济思想史学科明天的事业……

安息吧,石世奇先生!

2014 年 12 月 1 日于西北大学桃园校区

追忆初见石世奇老师的深刻印象

□ 严清华[*]

第一次见到石世奇老师是1984年在广州中山大学举行的中国经济思想史学会第二届年会上。学会的第一届年会是在上海财经大学(时名上海财经学院)召开的。上海是中国经济思想史学会的诞生地,当时学会的创立者胡寄窗先生受国家教育部委托,于1979—1980学年在上海财经大学举办了一期全国性的中国经济思想史教师培训班,旨在为全国各主要高校培养从事中国经济思想史教学的师资力量。受武汉大学派遣,我有幸成为该培训班的一员。该培训班的相当一部分学员原本就是从事中国经济思想史教学与研究的高校老师,有的已具有较好的专业基础与学术造诣。在这批学员行将结业的1980年夏,胡寄窗先生邀请复旦大学的叶世昌老师及上海的部分相关学者顺势就地举行了一个小型学术会议,征得外地代表的同意,在会上正式宣布中国经济思想史学会成立。学会的第一届年会于学会成立的第三年即1982年在上海财经大学召开,由于是改革开放焕发学术青春后,中国经济思想史学科刚恢复学术活力的首次学会年会,因而印象中此次会议并不太隆重,参会人数与收到的论文数都不太多,记忆中石世奇老师就不曾出席此次年会。

在广州中山大学举行的学会第二届年会上,各地参会代表共70多人,收到论文60多篇,记忆中此次年会是中国经济思想史学会发展史上的第一次空前活跃的盛会。胡寄窗、赵靖、侯厚吉、易梦虹、朱家桢、叶世昌、虞祖尧、王

---

[*] 严清华,武汉大学经济与管理学院教授。

同勋、李守庸以及石世奇老师等中国经济思想史学界的"大佬"精英们悉数与会。正是在这届年会上,我第一次见到了心中仰慕已久的石世奇老师。

在初见石世奇老师之前,我曾认真拜读过由赵靖和易梦虹两位老师主编、石世奇老师为主要作者之一的全国高等学校文科教材《中国近代经济思想史》(上、中、下)(中华书局,1964、1965、1966年)。当时正值十年"文化大革命"动乱后不久,中华人民共和国成立至"文化大革命"结束前中国经济思想史学科领域内正式出版的成系统、有影响的学术专著与教材,只有胡寄窗先生的《中国经济思想史》(上、中册)(人民出版社,1962、1963年)和石世奇老师为主要作者之一的《中国近代经济思想史》。作为这一学科领域的后辈学人和年轻教师,这两套书是我当时反复学习、认真研读的主要专业读物。由于"文化大革命"摧毁文化、否定人文社会科学研究,人文社会科学领域的学术研究与学术活动基本停滞,"文化大革命"结束后拨乱反正,才逐渐恢复正常的人文社会科学研究工作。我作为一名从事人文社会科学工作的高校年轻教师也才开始尝试从中国浩瀚典籍中挖掘中国经济思想历史遗产的研究工作,并已初尝其中的艰辛与困苦,因而对于这方面的科研成果及其作者自然钦佩不已、十分景仰。

初见石世奇老师的印象是既潇洒又庄重,尤其颇有儒雅风范与领袖气质,看上去就是一位魅力四射的学术领导。在初见石老师的学会第二届年会上,有两件事给我留下了深刻的印象,形成了他在我心目中作为一位优秀学会领导的崇高形象。

第一件事是他在会上作了题为《应该重视中国经济思想史的学习与研究》的大会发言。他发言的大意是说中国历史上留下了丰富的经济思想遗产,这些遗产对于我们今日进行社会主义精神文明建设和物质文明建设具有重要的借鉴与启发意义。我一听这题目就觉得这是一位学术领导的发言。当时中国经济思想史学科尚处于系统创建阶段,在社会上和学术界尚未引起人们足够的重视,迫切需要本学科领域的学术引领者来加以警示与呼吁。对于我们这些在高校从事这一学科教学与研究的年轻教师来说,也迫切需要学术前辈指引我们加深对这一学科现实意义的认识与理解。因而,石世奇老师这一发言给我的印象颇为深刻,让我坚定了从事中国经济思想史教学与研究的信心与决心,同时当时心理也暗中揣摩,觉得这肯定是会议有意安排石老师作的这样一个发言,他肯定是我们学会的一位重要学术领导。

　　第二件事是在这次会议期间,我校李守庸老师患了一次病,是因为情绪过于紧张亢奋而导致的,病是晚上患的,第二天需要稳定情绪、静养休息。而第二天会议正好安排外出考察,需要留人陪护。我记得非常清楚,第二天一大清早,石世奇老师和中国人民大学的虞祖尧老师就从他们住的酒店专程来到我住的楼房,我当时的职称是助教,和他们教授、副教授不住在同一栋楼,是一栋住宿标准低一些的楼房。看到两位老师一大清早突然找我,心情不免蹙然紧张起来。因为两位老师在那次年会上还有一个特殊的身份,当时会上设了一个学会正常组织之外的特殊机构,叫"临时党支部",石世奇老师是副书记,虞祖尧老师是委员,支部书记是驻会理事张淑智老师,当时学会未设秘书长,职责由驻会理事履行,所以一位副书记和一位委员的突然到来使我下意识地感到事情非同寻常。两位老师来后,先向我通报了李老师的病情,这时我才知道他俩已通宵陪伴未睡,然后告诉我因为我和李老师来自一校,又是师生关系,所以便于陪护李老师稳定病情,两位老师还向我详细交代了陪护李老师的注意事项。我当即表态乐意接受会议安排并对两位老师对李老师的细心照料表示感谢。这件事让我深切地感受到了石世奇老师对学会工作的认真负责,对学会同仁的热情关怀,充分显示了一位学会优秀领导的形象与气质。

　　往后年会的活动中,我曾多次与石世奇老师接触并交往,初次印象中形成的石世奇老师的学会优秀领导形象不断得到加深与强化。印象中,自学会第二届年会开始至石世奇老师退休前的多次学会年会,除他担任北京大学经济学院院长期间因特殊原因不能与会外,石世奇老师几乎每会必到,表现了对学会工作的热情参与和积极支持。尤其是他后来还担任过学会秘书长、代会长,此间更是为学会工作倾注了大量心血,即使卸任学会领导职务后他也仍然一如既往地关心和支持学会工作。记得 2009 年 10 月 17 日,学会曾在北京大学召开了一次"中华人民共和国成立 60 周年中国经济思想史学术研讨会",当天下午,我和上海财经大学的程霖教授等一行去探望在家病休的石世奇老师,他深情地表达了对学会工作的热情关注与对学会同仁的深切关爱。2012年4月6日,石世奇老师与世长辞,我当时正担任学会轮值会长,代表学会起草了唁函,内容为:"石世奇先生是中国经济思想史学会的老会员、老领导,为中国经济思想史学会的工作和学科的发展付出了大量心血,做出了重要贡献,我们为失去这样一位老会员、老领导而感到无比悲痛,祝愿石世奇先生一路好走!"这份唁函突出强调了石世奇老师对学会工作的重要贡献,重点表达了我、同时也是代表学会全体同仁对石世奇老师这位学会优秀老领导的感佩之情。

2013年4月6日

衣冠简朴古风存

——追忆与石老师在一起的最后日子

□ 于小东[*]

从考入北京大学经济系,作为学生第一次见到石世奇老师那一天起,就觉得他身上有一种独特的气质,优雅伴着谦和,散发着一种特殊的魅力。按照现今流行的说法,石老师是一个很有"气场"的人,而那时的我们被这种气场所吸引,但只是远远地观望。1985年,经济系改建为经济学院,之后石老师曾担任经济学院的院长,我便有了更多从侧面观察他的机会,特别是毕业留校后,院里的大会、小会,总能见到石老师早早地赶来,从未迟到过一次,他是一个严于律己的人。与通常人们心目中的"领导"不同,石老师总是那么平和而低调,说起话来温文尔雅,即便是布置工作也没有任何强势的感觉,却在不知不觉中感染着人们。90年代后期,学校开始了针对在职教师的岗位评定工作,当时一级岗的名额很有限,院里大会上宣布他和陈德华老师主动放弃了一级岗的竞争,这件事情给我留下了很深的印象,也再次印证了他的为人。石老师退休之后,我们之间并无经常性的来往,记得2005年我们班同学毕业20周年,大家有一个聚会,当时石老师身体已经不是很好,正在犯肺气肿,却仍然抱病参加了活动。我很惊异于他生着病还来参加多年前毕业学生组织的这样一个非官方活动,而他却回答说:"主要是上一次(我们毕业10周年的那个活动也曾邀请他参加)印象太深刻了!"这让我不禁非常感动,在这么一个浮躁忙碌的社会中,连我们自己都快忘记了的事情,十年之后石老师竟然

---

[*] 于小东,北京大学经济学院教授。

还记得那么清楚,看来他也是一个性情中人。

本以为没有机会和石老师近距离接触和交流,没想到一个偶然的机缘却使我和石老师能够经常见面,亲耳聆听他对各种事情的看法与评说,亲身感受他的人格魅力,而这已经到了他生命中的最后几个月。2011年年底,石老师因病住进了北大医院第二住院部的ICU病房,后转到干部病房。凑巧的是我的女儿在北京四中读书,为了上下学方便,我们在学校旁边租了套小房,正好就在北大医院附近,这样我就可以经常到石老师的病房坐坐,有时还能顺便带点他喜欢的甜点或简单做个菜给他换换口味。或许是这种家常式的交往方式使我感觉比较轻松,打消了我面对老先生的拘谨,能够和他聊些家庭与工作之中的琐事,同时也得以了解他的所思所想。

我发现石老师特别喜欢读陆游的诗,有空的时候,就会拿出一本发黄的小册子一篇一篇地看。看来不愧是研究经济史的,古文功底就是好!记得有一天,他问我:"你知道陆游最讨厌的是什么吗?"看我回答不上来,就自己回答道,"陆游最厌恶的就是官场上的应酬,他有一句诗叫作'怕歌愁舞懒逢迎'说的就是这个意思。"接着他又问道:"陆游最喜欢的生活是什么样子的呢?"然后从手中的小册子中翻出了那篇《游山西村》,将整首诗歌从头到尾念了一遍:"莫笑农家腊酒浑,丰年留客足鸡豚。山重水复疑无路,柳暗花明又一村。箫鼓追随春社近,衣冠简朴古风存。从今若许闲乘月,拄杖无时夜叩门。"边听他解释每一句,我边在心里想:看不出来,石老师这么优雅的人,却还向往平民百姓的农家生活呢!不过那句"衣冠简朴古风存"倒是很贴近他的气质。

毕竟从教几十年,师生关系也是石老师爱聊的话题。石老师说:"我最近一直在想,关于孔老夫子到底最喜欢哪个学生的问题。一般人都说是颜回(颜渊),因为他思想境界高,自身修养好,不但聪颖而且好学。但是孔子说'吾与回言终日,不违,如愚',意思就是说,我整天和颜回讲学,他从不提反对意见和疑问,像个蠢人。孔子还说过,颜回'于吾言无所不说',意思是说他对孔子说的话没有不喜欢的。孔子说,这样对我有什么帮助?可见,颜回对老师亦步亦趋这一点并不是孔子所喜欢的。而像子贡,总是有问不完的问题。所以我觉得,孔夫子是喜欢他各个学生的不同方面。虽然咱们当老师的,对自己的学生都好,但每个学生也都不同,肯定也还是会有更喜欢的方面。"石老师还说,"我很喜欢77级的学生,和他们关系特别好。他们是改革开放后的第一届学生,都是很优秀的。有自己的想法,也很有能力,""在我住院这件事情上,我特别感激我的学生们,他们都很忙,但对我的身体还特别上心。"的确,师生关系真是一种非常特殊的感情,能够得到来自学生们的友谊大概是从事老师这一职业独有的幸福了,这一点我与石老师有同感。我还对他讲到自己对师生关系最有感触的一句话,恰好也是孔子说的——"学然后知不足,教然后知困。知不足,然后能自反也;知困,然后能自强也。故曰:教学相长也。"

石老师一直非常关心《经济科学》的发展,特别是知道我在做《经济科学》的工作之后,就多次与我谈起与《经济科学》有关的事情。石老师说:"咱们的《经济科学》现在办得究竟怎么样?我的最后一篇学术文章就是2002年在《经济科学》上发表的。《经济科学》可能是改革开放之后,高校中最早创办的一个经济理论刊物。当时咱们比较早地认识到科研的重要性。我觉得有这样一个刊物是很难得的,院里应该给予高度的重视和支持。"在我向他介绍了《经济科学》目前在中国期刊网的排名情况后,石老师又说,"我看一些刊物在封面上写了许多核心期刊之类的字样,咱们的封面就什么都没有,你如果不说,我还不知道《经济科学》是这么好的刊物呢。以前也和洪宁说过,洪宁说不喜欢这些虚的东西,关键还是要实实在在地把刊物办好。我觉得办好刊物很重要,但宣传也很重要。比如咱们院里列了那么一大堆发表文章给予奖励的刊物,就没有我们《经济科学》。连你自己都瞧不起自己,不把自己当作一流的刊物,别人就更不会知道了。"我说主要考虑到《经济科学》毕竟是北京大学自己办的刊物,如果列入,担心会受到来自各方面关系的压力问题,最怕的是有失公平。石老师说:"你说的这些当然可以理解,但我觉得关键不是列不列入,而是是否能顶得住关系稿。如果能够做到真正的匿名评审,不行就送出去审,还是应该能顶得住的,不能因为怕得罪人就不敢奖励,只要坚持公平,不论是什么人拿来的稿子,不管平时关系多近,职位多高,一律平等对待,问心无愧就行了。"石老师还说,"现在的文章,大部分都是数量和实证的,比较规范,但思想性也要重视。院里能不能组织有影响力的老师,就一些大的理论和学术问题写出一些有分量的文章?应该能够代表北大的水平。好的文章,要拿给咱们自己的杂志。一年中要争取有那么两三篇可以真正显示北大水平的文章。可以请厉以宁这样的人写,他虽然年纪大了,但还是会关心现实经济问题,而且听说他还到底下去搞调研,不是光说空话。现在好多地方的改革探索走在前面,比如产权方面的实践。这些问题应该有人思考、关心,并写出来。还是应该适当约稿,大家写东西也不会是完全对付,毕竟,他们要对自己的声誉负责。"

记得还有一次,与石老师聊到社会风气的问题。他说:"'文化大革命'的时候,最主要还是乱在政治上,但治安不是很乱。社会道德树立起来不容易,可是坏起来却很快。不过,解放初期,社会道德还真是眼见着好了起来,那时候,人的精神状态特别好,都是路不拾遗。国民党到后期确实腐败很严重,所以人们都很失望。"我问道:"那时候有产阶级的财产被一夜间剥夺,是否也会对当时的政策心存不满?"他说:"那恐怕还是有的,就像人们说的,白天敲锣打鼓庆祝公私合营,到了晚上回到家中抱头痛哭。但那个时候,整个社会总体来讲是一种积极的氛围,那些不满的人只是把自己的不高兴压在心里,不像现在,会对整个社会实行报复,甚至动不动就会威胁到一些无辜的人。"石老师还说,"改革开放后有一点问题,就是在人们心里把红头文件否了,这样是不对的,就没有权威了。"我说:"可能是因为'文化大革命'后期,红头文件有许多是错的,就使得人们后来什么都不信了。""信仰还是要有的。"石老师说,"现在有不少人信教,宗教总体来讲也还是倡导人向善的。"我说:"即使不信教也应该能够做一个好人呀。"石老师笑着说:"那倒也是,唯物主义者嘛!""现在社会风气的变化还有一点不好的地方,就是官气太重,喜欢逢迎,说好话。听说学生中都有这样的倾向。20世纪80年代还不是这样。"石老师最后说。

在干部病房的那几个星期,是石老师精神最好的日子,几乎每次见面都是侃侃而谈。当时,他的身体状况已有所好转,摘下了呼吸机,精神也很乐观。即使是在生病住院期间,石老师还是不改一贯的谦和。他为人特别细致,别人对他哪怕有一点点的帮助,他都会一再感谢。记得有一次给他送吃的,正赶上医院来晚饭,护工问他吃哪一个,他指着我送来的东西大声说:"吃这个!"他还会把医院的饭给护工吃。看他这样,真让我感动。他还多次关心我父亲的身体以及我女儿的情况,说:"我很喜欢你的女儿,咱们上次院里组织活动,你带她来,我印象很深,我现在还保留着你女儿的照片呢!"其实那已经是许多年前的事情了。他还关心我女儿打算学什么专业,并说:"我觉得学什么专业,只要喜欢,能够真正钻进去,都是有前途的。"年前,院里组织我们去郊区开年终总结会,我提前去给石老师拜年,道别时,他跟我说的最后一句话是:"祝你爸爸新年愉快!祝你妈妈新年愉快!祝你和你女儿新年愉快!"他说话的神情至今想起来还历历在目。

  2012年元旦期间,石老师因肺部感染,病情急转直下,再次进入ICU病房。这次他被迫上了呼吸机,并切开了气管,吃东西也只能依靠鼻饲。石老师的精神时好时坏,因为不能说话,只能通过一个小白板勉强与他人交流。他的老伴儿身体一直不好,住在西苑医院,在他进入ICU病房之后先他而离世,因为怕他担心,家人就没敢告诉他。他则一直惦记着老伴儿的情况,直到听说身体还算稳定才放下心来。每有同事、朋友前去看望,只要他醒着都会尽量与别人打招呼,又担心会耽误大家的时间,总是过不了一会儿就会示意大家早些回去。有两次他还在小白板上吃力地给我写"谢谢你多次来看我""祝于老健康长寿"等字。看到他身体这么差还总是想着别人,心里真是特别难受,也格外感动。

  2月29日,是石老师进入ICU病房后我所见到的他精神最好的一天。那天我到病房时,石老师正在和女儿女婿一起为院庆百周年挑选照片。石老师是个非常仔细的人,照片按照时间和分类整理得特别好。他先挑选了一张与陈德华老师一起为陈岱老祝寿的照片。我发现石老师的记忆特别好,每张照片是在什么时候照的,以及照片中的人是谁都记得特别清楚。比如,有一张陪外宾的照片,女儿石爽说不知是在哪里照的,反正不是在家里,石老师不仅当即指出是在临湖轩照的,而且还写出了照相的具体时间以及会见外宾的名字。他还在小白板上写道,因为当时没有带照相机,胡代光先生很着急,他就赶快给石爽打电话,要石爽带着相机赶到临湖轩给大家照了这张合影。还有一张石老师在讲台上的照片,我们都觉得挺有味道,建议他给院里,但他说那是20世纪80年代末在甘肃外出讲课时照的,不是在北大的教室。说起《经济科学》在1979年创刊时陈岱老的代发刊词,石老师说当时是请厉以宁老师起草的。我说从来没有听说过,石老师还在小白板上写了"历史往往如此"几个字。那天说起相片,还是石老师想起要和我们照张合影,当时大家都没有带照相机,幸亏石老师的女婿桂鲁想起可以用手机照相,便留下了珍贵的记忆。石老师在相片上显得很精神。现在想来,我最遗憾的是没有给他们一家三人照张合影。

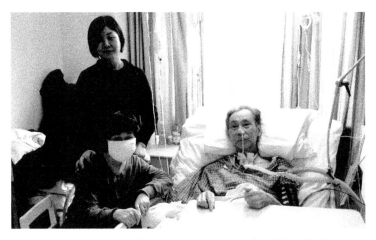

图1　2012年2月29日，在西苑医院，于小东与石世奇老师及其爱女石爽合影。自左及右依次为石爽、于小东、石世奇

2012年4月1日，是石老师80岁生日，那时他的身体已经非常虚弱，只能通过透析维持。这一天他的老同学们特意来看望他，并送了一张情真意切的生日贺卡。可以看出，他在青年时代在同学们中间就非常有威望和特别受同学们爱戴。那天尽管石老师非常难受，呼吸也急促起来，但神志依旧很清醒，有好几次他都让身边的人把老同学们的贺卡拿到跟前，看了一遍又一遍。拉着石老师的手，我仍能感觉到来自他身体的力量。即使到了最后的日子，石老师依然是那么坚强和优雅。五天之后，他就离开了我们。

如今，石老师已经走了好几个月了，每当路过北大医院，我却仍有一种他还在里边的幻觉，似乎还能听见他说过的话，看见他在小白板上写的字，甚至能感受到他手上的体温。回头想来，我是何其有幸，能够在石老师生命的最后几个月里，多次到医院看望他，陪伴在他的身边，聆听他的教诲，感受他的人格魅力。他的精神境界感动着我，激励着我，他的谦谦君子之风让我终生难忘。现在我把这一切写下来，不仅是为了怀念石老师，也是为了感染更多的人。

2012年9月10日晚

石品清奇师恩长

——怀念石世奇先生

□ 王曙光[*]

石世奇先生是我入学时候的北京大学经济学院院长。1990年,我考入北大经济学院国际金融专业。录取之后,就来到石家庄陆军学院报到,从此开始了一年的军政训练。那时候,北大文科全部在石家庄陆军学院军训,理科则在信阳陆军学院。石家庄陆军学院位于河北省获鹿县(这里的"获"字应念做"怀")。一年的时间,这些刚刚走出中学校门的北大新生在军校摸爬滚打,进行十分严格而单一的训练。我们都盼望见到北大的教授。在我们心目中,"北大教授"这几个字显得很神秘,我们不知道大学教授应该是什么样子。石世奇先生当时任经济学院院长,到石家庄陆军学院来看望我们。一听到这个消息,我们着实很激动。石先生是我见到的第一个北大教授。我们24中队所有的军训生,都端坐在四楼大教室里,等候石先生的到来。石先生进屋,相貌清瘦,身材修长,颇有仙风道骨,把全场都镇住了。一落座,慢声细气,娓娓道来,令我们陶醉其中,如听仙乐。

石先生在给我们讲话时,说了一个笑话。他说:"北大旧名京师大学堂,大学堂的学生都是有官衔的,上体育课的时候,教员对学生发令,要呼'大人'。比如:'大人,请向左转!''大人,请开步走!'"讲到这个地方,我们皆大笑,这个笑声在军校一年的课堂里简直是绝无仅有的,旁边军校教官的脸色却甚为复杂。这个故事,被1990级同学传到现在,每次聚会则津津乐道之。

---

[*] 王曙光,北京大学经济学院教授。

在1990年那样的氛围里,我们能听到这样的话,无疑如饮琼浆。年龄小的学弟们,你们恐不能体会也。现在想来,以石先生的严正寡言、惜字如金的风格,是绝不会不分场合乱讲笑话的,他讲的话,一定是有用意的,一定是经过深思熟虑的。一个小小的笑话,里面包含的是对在陆军学院军训的北大学子的一片温暖呵护之情。第一次见石先生,给我留下了终生难忘的印象。

石先生相貌奇古,风骨卓绝,颇具魏晋格调。举手投足、言谈话语之间,处处有古人之风。和蔼,但有威严,使人不敢放肆。柔中有刚,沉静简约。在他面前,你才可以体会"师道尊严"这四个字的意义。

假如有一百人在会场上,你肯定会第一个注意到石先生。不苟言笑,正襟危坐,道骨傲岸,卓然不群,眉目间洋溢出一种清高淡远的气息。最有士人风范,最有学者风度,最有读书人的一种潇散奇古之气。这样的人,我没有见到第二个。在《世说新语》里面恐怕不少。我经常想,魏晋的那些名士,也许就是这样的吧。在北大与石先生认识,实在是一幸也。

1994年秋天,我在读大四的时候,迷恋中国经济思想领域的研究,读到赵靖先生和石世奇先生的书,就想去拜望这两位先生。于是我这个懵懵懂懂的家伙,就找到石先生家的地址,连电话也没有打(压根儿没有提前预约的意识),就径直过去找先生。可是又胆怯,在先生门前徘徊了许久,不敢进去。最后终于鼓起勇气,敲门进去。先生对我这个冒失鬼并不介意,把我让进书房,跟我闲聊。在石先生的书房中喝茶谈学问,是我大学期间最值得纪念的一件事之一,这对我终生都有影响。我永远记得那个温暖的夜晚。

那天,谈到兴致浓处,石先生知道我喜欢操刀篆刻,竟然把他年轻时候的篆刻作品给我看,我在赏鉴之余,大为赞叹!石先生的文史修养,同辈人无有匹敌也。后来我才知道,石世奇先生在改革开放初期即参加了燕园书画协会,这是一个北大教授们的书画交流组织,石先生是协会早期重要成员之一。石先生与燕园书画协会的李志敏先生、陈玉龙先生、罗荣渠先生、杨辛先生等书法大家均有很多交往,家里还藏有罗荣渠先生(北大历史系)、杨辛先生(北大哲学系)、熊正文先生(北大经济系)、闵庆全先生(北大光华管理学院)等名家墨宝。在先生的书房,四壁皆悬挂着高雅的字画,简朴的房间里洋溢着一股优雅清幽的情趣。

石先生爱好篆刻,虽然轻易不肯奏刀,但从他为数不多的早年作品中,就可看出他极深的功力。他刻的印章,刀法简洁、干净,毫无拖泥带水、矫揉造作之气,字体清秀、典雅,布局疏朗大方,颇具书卷气息,取法汉印,风格高古。1995年,我们在编辑《北大校刊》之"北大经济学院建院10周年专刊"时,曾特意登载了石先生刻的"无限风光在险峰""风景这边独好"两方印。

2003年4月,"非典"流行期间,北大都停课了,我待在畅春园的寓所里无所事事,特别想去看望石先生。于是想起旧事,写了一首小诗曰《感旧呈石世奇师》:

获鹿营中初侍坐,辞气敦雅如霁月。
燕园聆教慕风骨,秋水文章意卓绝。
清标潇散遗晋风,容止奇古神磊落。
回首少年志疏狂,辗转阶前不敢谒。
师门开启延后生,清茗飘渺熏秋夜。
犹忆灯下赏细篆,春风如沐寸心折。
襟怀坦廓励晚学,十年感戴肠内热。
何当秋浅月凉时,煮酒陶然金石乐。

拿着写好的打油诗,我又去敲石先生家的门。距离我们初次见面已有近十年了。与先生闲聊,先生兴致很高,而他的记忆力之强也令我惊叹!石先生竟然记得我们十年前的谈话,他对我说:"我记得你的篆刻是宗赵之谦的。"听完这句话,我大惊,且大感动,想哭!石先生对我这个无名小子,对相隔久远的一次谈话,竟然记得如此之清楚,现在的老师,有谁能做到这样的境界?要知道,在这近十年中间,我几乎没有跟先生单独交流过!他对晚学的鼓励奖掖之情令我终生感怀。这就是"老师",这样的人才配得上叫作"老师"。比起先生来,我常常感到惭愧。

石先生上课语气和缓,沉静温润,如春风化雨。听他讲课,你才可以理解什么叫作"如坐春风"。他经常在课上对20多岁的学生说:"某某同志,你说说你的意见。"他总是说"同志",从不称"同学",无论学生多么年幼。同学或许以为石先生守旧古板,我却觉得"同志"的称呼异常郑重庄严。被一个德高望重的先生引以为"同志",难道不是一件极为荣幸的事吗?

近十年来,石先生身体欠佳,一直在家,不太出门,可谓深居简出。不能吹风,不能感冒,一吹风就后果严重。这几年我去看望他的次数就多了些,几乎每年的春节或者教师节都去拜望。2009年9月,我和丹莉去看他,他气色很好。丹莉和我各以新著呈先生,石先生十分开心,连连说:"好极了,好极了。"那天访问的时间很短,我们都怕累着石先生,在先生家里只待了半小时,我们就起身告辞了。谈话间先生显得很愉快,说话底气也很足。他把近期在北大出版社出版的《中国经济思想史教程》赠我们。师母还为我们照相。师母也是北大毕业。没有想到,石先生下午就把照片发给了我们。在邮件中,石先生写道:"曙光、丹莉:发去照片两张,留个纪念。专颂研祺。石世奇"。这就是先生为人处事的风格。一丝不苟,简洁专注,对学生充满感情,在看似简单的字句后面,蕴含着巨大的爱。

尽管身体虚弱,可是2009年胡代光先生(北大经济系改为经济学院之后的第一任院长)90大寿,石先生接到胡代光先生家人的电话邀请,却说:"为胡先生祝寿,我爬也要爬过去。"他果然践诺,穿着整洁的深色西装,系着颜色鲜亮的领带,一丝不苟,神色庄重。主持人刘文忻教授请他讲话,他摆摆手,一言不发,端坐听大家的谈话。我知道,对于石先生这样一个一年之间只下楼几次的病人来说,来参加祝寿会的辛苦可想而知。他念旧谊,重情义,在这不言之中饱含着对同事的感情。

我回想起2005年5月25日,经济学院庆祝建院20周年(1985年由北大经济系改为北大经济学院)。石先生作为第二任院长,对经济学院的学科建设和人才培养做出了重大贡献。那天,他抱病前往,也是深色的西装,也是鲜亮的领带,同样一丝不苟,神色庄重。他端坐主席台,主持人孙祁祥教授请他发言,他摆摆手,仍旧是一言未发。我在下面,看到石先生端坐在那里,不禁眼湿。

2011年9月11日,我、丹莉、冯杨和周呈奇博士夫妇、颜敏博士等到石先生家看望。这些受教于石先生的年轻人都对石先生有很深的感情。石先生看到大家很高兴,拿出他收藏的很多印章以及他自己的印章给大家看。当我摩挲把玩先生20世纪60年代所刻的一方双面印时,石先生说:"曙光,这个印送给你吧。"真使我受宠若惊!这方双面印,当属先生作品中之精品!此印一面刻"百舸争流",一面刻"江山如画",均有汉印风范,笔画劲健从容,刀法谨严且富书卷气息。先生将此印赠我,可见对我的厚爱!他还兴致勃勃地讲到他收藏清代蔡嘉的画,罗荣渠(著名历史学家,我国现代化理论的奠基人之一)先生曾观之,极赞其画功。罗荣渠先生曾经赠石世奇先生一副对联:"读史早知今日事,看花犹忆去年人。"那天,石先生叫师母把我曾写给他的对联拿出来给大家看。那是我2010年写给先生的一副联,里面嵌了先生的名字:"石间流水,奇士能赏;世外桃源,隐者可居。"石先生在我心目中就是一个奇士,可是他虽深居简出,却并不是一个单纯的"隐者",他对弟子们都非常关心,也极为关心学院的发展。我将新著《金融伦理学》呈先生教正,他翻看着,连连称赞:"看来是你独创的学科,了不起啊!"先生对我鼓励有加。这天,石先生甚为虚弱,一直在吸氧,早上知道我们要来,先生先咳净了痰,与我们谈话时底气尚佳,他自己说见到我们来感到有些兴奋。他拿出他的每日药单,多达二三十种。我们虽然谈笑风生,内心却在难过,看到老师虚弱的样子,我们很心疼。黄爱华师母也很虚弱,临别时,我与她拥抱,说:"师母多保重。"我看到她的泪水在眼眶里打转。这是我最后一次见到师母,不久之后,师母和石先生就双双住院了。

  2011年10月2日下午,我去西苑医院高干病房看望石先生。他住在一个两人病房,很狭小,正在吸氧看电视,精神尚好。因为我正在整理与经院院史有关的材料,他特别关心100周年庆典的筹备工作,跟我谈起陈岱孙、熊正文等先生的旧事。他说20世纪60年代初期他曾与陈岱孙先生及厉以宁先生同开"古代汉语"课程,选《孟子》《史记·货殖列传序》《盐铁论》等有关古代经济思想的文章来教学生。他的病床边放着《宋诗一百首》,是60年代的旧版,书页已经有些泛黄,石先生在王安石歌颂变法的诗句的空白处还加了批注,可见石先生在病中还看这些书解闷儿。石先生也说到了师母的病情,师母患肿瘤已经很长时间。

  此后我就再也没有见到石先生,只是通过龙桂鲁兄(石先生的女婿)时时打听先生的病情。2月1日,龙桂鲁兄通过我给院里发来一封石先生的信,在这封信中,石世奇先生谈到了1977年以来主持北大经济系工作的五点体会,信中说:

一、和为贵。解决"文化大革命"中两派的问题以及历次政治运动形成的矛盾。二、百家争鸣。即现在常常讲的"兼容并包"的北大传统。1979年以来忽反左忽反右,同志们难免把这位称作"老左"、那位称为"老右"。我们认为除个别人反对改革开放外,个别人有意见也是对改革开放持不同看法,应该包容。三、宽口径、厚基础。就是希望学生学得深一些、广一些,以适应以后工作的需要。为此删去一些课程,增加一些课程,以适应不同口径的工作。四、理论联系实际。主要是当前的中外现实,有条件鼓励师生去调查研究。五、党政关系好。当时"政"由陈岱老、胡代光老师负责,他们是我的老师,但对我非常尊重,我对他们敬重信任。教学工作会上决定后,他们放手让我去执行。教学上进步,主要是他们做的。丁国香作为主管党务工作的副书记,几乎包了党务工作的全部,还有其他一些同志如系办公室主任董文俊等,对我的工作有帮助,使我能继续上课做些研究工作。我感谢这些同志。以上在1993年我卸任院长时讲过,主要是1977年至1984年任总支书记时做的事情,这次增加了内容,以纪念北京大学经济学科创立110年以及北京大学经济学院(系)100周年。祝北大经济学院越办越好,人才济济,成为全世界最好的经济学院。

石世奇(80岁)于病榻上
2012年2月1日

这篇提纲性的文章,是石世奇先生在身体极为虚弱的情况下于北大医院病榻上写就的,虽然简短,却浸透了石世奇先生对北大经济学院的深厚感情。其中总结了"文化大革命"以后石世奇先生主持北大经济系工作的若干重要经验,这些原则对于北大经济学院今天的发展而言都是非常宝贵的。"文化大革命"之后百废待兴,石先生在那样复杂的局势下,顾全大局,以博大的胸襟团结左右两派,以高超的领导艺术化解各种矛盾,使北大经济系这艘大船没有偏离正确的方向,为以后的北大经济学院的发展奠定了基础。1988—1993年,石先生又担任了5年的院长职务,对经济学院的学科建设和人才培养做出了诸多贡献。石先生在生前病情极为危重的情况下还念念不忘经济学院的发展,其人格境界令晚辈钦佩,其中所饱含的深厚情感令人感动!

2012年2、3月间,我忙于编辑《北京大学经济学院(系)百年图史》,龙桂鲁兄发来石世奇先生亲自挑选的若干珍贵照片,这些照片我都选入了这本书中。在编辑《百年华章——北京大学经济学院(系)一百周年纪念文集》时,我收入石世奇先生在2005年写成的一篇回忆文章《两进北大经济系》,以及他在1995年为庆贺经院建院10周年而写的文章《兴旺发达、方兴未艾》,我还特意为这两篇文章配了很多插图。我心里想着,等5月份《百年图史》《百年华章》两本书出版之后,我就给先生送去,让他老人家高兴高兴,以此来庆祝他的80大寿!可是,就在我们紧锣密鼓筹备百年庆典的时候,2012年4月6日上午11时,石先生永远地离开了我们,距离我们举办百年庆典只差50天!他刚刚满80周岁,可是我们这些弟子们却再也没有机会为先生举办一场祝寿会了。我在当天的日记中写道:

> 顷闻吾师石世奇先生逝世,不胜悲痛!余自一九九四年得识先生,十八年来常得先生教诲,虽未入门,然得益于先生甚多。师之教恩没齿不忘。师品格清奇,有古人之风范。即之也温,不怒而威,温文尔雅,气度从容,而自有尊严,望之令人肃然起敬。先生于名利处之淡然,廉洁奉公,律己甚严,主持北大经济系数载,上下皆称道。处事贵公,做人谨饬,如松如柏,亦庄亦穆,有蔼然长者之风。其于学术数十年孜孜以求,奖掖后学,不慕虚名,惜墨如金,凡所著述皆经得起推敲。今先生仙逝,学界少一敦厚长者,吾失一至尊师长矣。

2012年4月10日,在阴沉的天气里,数百弟子与同事为石先生送行。我写了一副挽联以悼念先生:

> 石品清奇,德炳士林,一代师表恩泽厚;
> 道骨傲岸,学究天人,三千桃李怀思长。

这一天,久旱不雨的北京城竟然下起了小雨。

2012年6月15日于经院

从崇化学会到北大经济系
——纪念石世奇先生

□ 许云霄[*]

一、崇化求学

1927年,师法欧美的严范孙先生,在多年提倡新学、进行教育创新之后,"鉴于国学日微,将有道丧之敝惧",晚年转而回归传统,着手办设教授国学精粹的崇化学会。"崇化"二字,取汉诏"崇乡党之化,以厉人才"之意,望"纯净地方风俗,激励人才辈出"。十年后天津沦陷致使学会停办。40年代,一批有识之士重开崇化学会国学班,以传统文化净化人心,消弭乱世之祸。

1945年,年仅13岁的石世奇成为崇化国学班晚班的一员,每晚来听两小时课。据石先生回忆,当时国学班对学员没有年龄、背景限制,班内学员有教师、职员、学生,来者不拒,来去自如。国学班的授课先生均为当时天津的著名学者,大都义务来班内授课,学员不收费,由各界筹款作为学会基金,充作学员奖金及办公费。

石世奇先生在其回忆文章中记述了当时听课的情况:"我听过的课有郭霭春先生(后从事中医史和中医文献研究,任天津中医学院教授)的《论语》、龚作家(名望,天津著名书法家、金石家)先生的《孟子》、王先生的《左传》、杜先生的《资治通鉴》、于先生(古文字学家,著有《文字系》)的'说文部首',还听过王斗瞻先生讲清儒学案中的'夏峰学案',还上过龚作家先生的书法

---

[*] 许云霄,北京大学经济学院副教授。

课……"

石先生少年时代在传统文化中的浸染,为他一生对传统文化的热爱,致力于传统经济思想研究奠定了深厚的基础。40年代,时值动荡局势过后,国内形势迷茫,物价飞涨,人心惶恐,但天津学界却将崇化学会坚持办下去,将希望与知识传递给学子,培养民族之魂。他们深知,年轻人是新世界重建的中坚力量。

石世奇少年时期所在的崇化学会、南开中学,在特殊年代培养了大批对国家、民族做出重大贡献,或者对一个时代产生影响力的人物。石先生一生的修养与品性,受少年时期教育影响深远。

1952年的北大,刚刚经历过全国高校院系大调整。北大由一个包括工、农、医、法的综合性大学调整为仅保留文、理的大学,城里的沙滩红楼校迁至西郊的燕京大学原校址,校庆日也从12月17日改为每年的5月4日。院系调整前,经济系作为北大最大的系,拥有一批高学术水平的教授和比较齐全的学科,调整后四个年级的学生只剩下两个年级的学生,成为"新北大"学生最少的系,而政治经济学这个单一专业,也逐渐被边缘化。

面对重重困境,经济系不断对课程设置进行调整,1953年,请回陈岱孙和罗志如两位教授并聘请了一批青年教员,增设"外国经济史""《资本论》专题""国民经济计划""会计""财政学"等课程,教学内容尽量少点苏联化,多从中国的实际情况出发,这有利于认识中国的国情和中国经济的问题;注重理论与实际的结合,鼓励研究人员运用理论分析现实的重大经济问题。1955年以后,经济系组织高年级同学到农村和工厂调查研究。1956年,在"向科技进军"口号提出的形势下,高年级学生组织科学研究小组,经济系团总支热情支持学生的科研小组,并带主要成员访问系内教授,使其得到点拨指导。

全国院系调整和北大经济系变革的这段时间,正是石世奇两次进入北大学习的中间时期。从南开中学毕业后,石世奇两进北大经济系,经历了由沙滩红楼的"老北大"到燕园的"新北大"的变化,也见证了经济系的重大调整。1950年他考入北京大学经济系学习,由于工作需要,第二年被调到北京市委研究室工作,直到1956年,他带着新的阅历与心境,重返北大学习。

当时对石世奇这种在党政机关或企业工作后进入高校学习的学生,有一个专有称号,叫作"调干生"。重返北大后,石世奇任经济系56级第一任党支部书记。

二、整风涡旋中的智慧

北大六斋(现光华管理学院的老楼即建在六斋的旧址上),是56级新生入住的地方,经济系学生住在二层,宿舍房间由两堵半截墙隔成三个半开放空间,学生们在这里住宿、学习。宿舍空间狭小简陋,生活条件虽苦,但学生们的学习热情却十分高涨。石世奇作为党支部书记,在生活学习方面对全班同学热情帮助,并带头成立学习小组。

1957年,中共中央在全党进行了一次以正确处理人民内部矛盾为主题,以反对官僚主义、宗派主义和主观主义为内容的整风运动。到1957年6月,中央发出反击右派分子进攻的指示,大规模的反右派斗争在全国展开了。北京大学不免卷入这场斗争中,一些老师和学生被打成右派分子。

在全国紧张的形势下,石世奇所在的经院56级党支部并未严格地揪出右派分子。当时,比应届生稍长几岁的石世奇,如老大哥般地尽力保护班里的同学。有其他组织向上级反映该班反右派不积极,而党支书石世奇顶着各方压力并冒着极大风险,不愿意让任何一个人被戴上右派分子的帽子。反右派斗争运动后期,56级党支部被批评领导右倾,斗争不力,右派划得少,划得晚,党支书石世奇受到党内严重警告处分。多年后,石世奇先生的同班同学,印度尼西亚归国华侨赖荣源透露,反右派斗争期间,他曾因为对斗争的不理解而写信给组织,思想及言语比较激烈,而石世奇看过信后,劝他保留此信,不要上交。每每回忆至此,赖荣源还心有余悸,并对石先生感谢不已。

尽管班里最终有两人被错划为右派分子,但石世奇已经尽最大努力保全每一个人,他并未带领同学参与斗争,也没有持观望态度,而是从长远考虑,沉着应对,甚至不顾自己的安危与调干生的政治前途。这不仅仅是无私或善良的品格,而是他坚持做着自己认为正确的事情,并懂得时机与实力的切合,是一种大智慧。

多年以后,进入了改革开放初期的80年代,全国处于经济体制转型的蜕变期，国民的生活水平相比改革开放之前得到了提高，但利益分化也引发了思想的多元化。而这种思想的分化在知识界表现得尤其明显。当时北大经院的学者们，对中国的经济发展方向和经济思想理论所持观点颇有分歧。时任北大经院高层领导的石世奇先生，纵观全局，努力团结左右两派，寻找他们之间的共识，化解双方矛盾。而此举不仅保存了经济系优厚的师资力量，也将学术纷争转化为制度创新与学科进步的动力，为经院后来多学科、多分支的发展奠定了基础，否则经济系多年的积淀不免在内斗中元气大伤。

在影响当代中国的几次政治事件中，大多数中国人都不免受到波及。而石世奇先生都在他所处的位置上，凭借仁德与智慧，把他能够庇护到的范围之内的矛盾与损失降到最小。1988—1993年，石先生又担任了5年的院长职务，对经济学院的学科建设和人才培养做出了诸多贡献。

三、传 世 之 作

崇化学会国学班对石世奇的学识及人生选择都产生了深远的影响。在国学班，石世奇接触了《论语》《孟子》《史记》《资治通鉴》，并阅读了梁启超的《清代学术概论》《中国历史研究法》等书。因此，他对中国历史产生了兴趣。读高中时，他又接触了唯物史观，于是认为要研究历史，当先学习好理论。这一认识决定了石世奇报考北大经济系的选择。石世奇原本设想是先入经济系，读两年书后再转历史系。谁知，一入经济门，终生都奉献于此，虽没有转到历史系，却成就了北大经济与历史的交叉学科——中国经济思想史的一次辉煌。

中国经济思想史，具有鲜明的跨学科性质，其学理基础就是经济与历史的结合。然而，由于中国传统重农轻商的思想，以及中国古代学科没有明确划分等原因，经济思想往往与哲学、科学、文学等学科并述，经济思想缺乏系统并独立的论述。近现代，中国经济思想史一直是较为冷门的学科，从50年代至改革开放，马克思主义经济学与西方经济学在中国经济发展轨道上各占有一席之地，高校的经济学教育基本延循着西方主流经济学流派的演变。当时中国社会经济建设难以从古代寻找可借鉴的经济思想，不仅是因为对传统经济思想的忽视，也是因为缺乏系统的思想史类理论专著。

石世奇先生就是在学科建设尚未成熟的艰难阶段,随赵靖先生一同将断代零星的中国经济思想史填补完整,修筑起中国经济思想的长城。由赵靖先生主编、石世奇先生任副主编的《中国经济思想通史》共四卷,内容起自上古止于1840年,时间跨度达四千年之久。这是凝聚着编者的无数心血和精力的结晶。而石先生本人不仅承担撰著,还辅助赵先生统理全书,做了大量工作。我们向先人致敬,不仅是因为其珍贵的学术成果,更是因为在社会飞速发展且风云变幻的年代里,能有人坚守一门并不算热门的学问,不为纷繁世俗扰乱心志,几十年如一日地做好分内之事。而这种在大环境下较少受到关注的"分内之事",十年百年之后将成为后人查阅的典范。向学者的恒心与雄心致敬。

纵观《中国经济思想通史》,中国古代思想学说在财富、分工、交换、价格、价值、货币、赋税等范畴均有涉及。秦汉以后,对封建社会的基本经济问题如土地制度、地租、赋税、徭役、高利贷以及自然经济和商品经济的关系等问题,历代不断有人探讨和论述,积累了大量宝贵的文献资料。许多重要的经济、财政方面的观念和原理,如合理利润率、货币数量说、货币流通速度等,中国人的发现都早于欧洲。强调求富、重视均富的思想,从整个国家的角度考虑经济问题,以及伦理和经济相结合的传统,都对后世产生了深远的影响。

《中国经济思想通史》是石世奇先生的重要代表作品,然而除此之外,以石世奇先生于中国经济思想史学界的声望地位,以及他作为经济学院第二任院长的身份,石先生却唯有一本论文集《中国传统经济思想研究》、一本署名副主编的《中国经济管理思想史教程》和一本署名主编的《中国古代经济思想史教程》三部著作传世。他在学科艰难草创的时期做出了重大贡献,在中国经济思想史学界承上启下,反而作品的数量并不多。学界人大多了解,石先生一生追随其师赵靖先生,恭敬礼让,甘当副手。他自称"师从赵靖老师50年",真正做到了一日为师而终身为父。石先生也乐于让贤,一些他参与、指导的论文常常放弃署名。石先生惜墨如金,不慕虚名,著作传世不多,但所作皆可奉作学界圭臬。

四、经济思潮辨析

尚未完全平息的上一轮经济危机,引发了新一轮对经济学观点的反思。从现代经济学建立至今,影响当今世界的主要经济思潮基本可概括为政府与市场之间的相互抗衡:凯恩斯主义、社会主义与新古典学派、新自由主义。国内的经济学教育体系也可粗略地概括为对西方经济学与马克思经济学的引入学习。

中国从计划经济到市场经济的转轨,见证并经历了几次世界范围内的经济危机,而今政府与市场的角力,政府的反思仍在不断进行。人们在梳理经济学思想史时,往往会追溯到古希腊古罗马色诺芬的《经济论》,柏拉图、亚里士多德的经济思想,至欧洲封建晚期的重商主义,亚当·斯密的《国富论》。然而早在西汉年间,中国就已初步形成干预主义和放任主义两种管理经济的模式。黄老的"无为"近于放任主义,而法家的法治则近于干预主义。西汉中叶,一般认为,以成书于西汉的《管子·轻重篇》为代表的干预主义"轻重论",和以司马迁为代表的放任主义"善因论",为国家经济政策或态度提供了较为系统的论证。

石世奇先生对《管子·轻重篇》有明晰的阐释:《管子·轻重篇》提出了一系列控制市场、操纵物价以获利的方法。由于国家政权的力量,政府可以控制重要物资,直接经营,有目的地进行吞吐,使供求发生变化,从而操控物价,人为地造成物价波动以获利。政府依靠平抑物价来稳定社会秩序,从而达到稳定统治、发展经济的目的。

司马迁在《史记·货殖列传》则表达了反对国家干预经济活动的思想,石世奇先生指出"司马迁的经济思想是庶民、地主、商人利益的理论表现"。司马迁的思想理论基础,在于把整个社会经济的发展看成是自然的、有规律的,从而主张"因之",顺应自然的发展。并主张顺应人的求利本性,顺应以这种具有求利本性的人所组成的社会经济的发展,而人们求利的本性,也是社会经济发展的动力。石世奇先生正是以这一思想为指导来观察、总结汉初以来的社会经济发展和西汉王朝的经济政策的。"人各任其能,竭其力,以得所欲。故物贱之征贵,贵之征贱,各劝其业,乐其事,若水之趋下,日夜无休时,不召而自来,不求而民出之。岂非道之所符,而自然之验耶?"[1]人们为了求利,满足欲望,而竭尽全力,货物的价格有规律地变化,从事各行各业的人们勤于自己的职业,则社会经济就会自然运转。司马迁反对干预经济活动,没有必要调节贫富。

中国有研究经济问题的传统,石世奇先生一生专注于古代经济思想史的研究,努力为现代经济学科与当代中国的发展提供历史镜鉴。当今天的学界努力探寻西方复杂的经济学派哪个更适合中国时,同样也需要反诸自身,以传统经验为当下创新提供启示。了解自己的问题,总结传统的经验,才能创新现有的理论,寻找解决问题的途径。

五、崇化影响之深远

"弘毅"二字,是崇化中学的校训。2006年,天津三十一中恢复其昔日旧名崇化中学,其前身即严范孙先生创办的崇化学会。"弘"乃宽广,"毅"乃坚忍。士不可以不弘毅,任重而道远。

石世奇先生对崇化学会饱含深情。说起先生选择将国学与经济学巧妙融合,不得不提一个有趣的巧合。崇化学会及后来南开中学的"校父"严范孙先生在戊戌变法期间,曾是经济特科取士的首倡者,信奉先进的经济与科技学科。直到晚年创办崇化学堂,又倡导国学,振兴国粹。严先生一生从西学向国学回归的过程,也是领悟了学问并非"非此即彼",无疑想要在国学与新学之间找到完美的平衡与结合。崇化精神,是一种不断创新与求实的精神,能将先进的教育思想与中国的实际情况相联系,改良社会,促进国民进步。正如三十一中,恢复崇化中学旧名,因为"弘毅"精神需要代代相传,恢复旧名是为了更好地铭记精神,也是时刻提醒着弘毅之路任重而道远。

后来者瞻仰先贤,对风云变幻百家争鸣的时代向往不已。从崇化学会到"新北大"经济系,石先生一生都在传统文化与西方经济学理论之间行走,搭

---

[1]《史记·货殖列传》。

建二者完美沟通的桥梁。想石先生等人,数十年默默修补中国古代经济思想的长城,建立起学科基础,踏踏实实做学术,撑起了一个曾经倍受冷漠的学科。石先生在一生行事做人,掌舵经院发展的过程中,又能够眼光高远,睿智深沉。石先生选择了最适合自己的方式为学科建设和国家建设做出了杰出贡献。当下社会繁荣多样,后来者羡慕先人对学术、对民族国家的坚持不懈的精神,也羡慕他们能够安下心来做学问的平静。

20世纪80年代,刚进入陈岱孙先生门下的平新乔先生,一次向岱老请教经济学的学习方法,岱老授予其"十字法"。所谓"十字法",便是建立一个学问的横坐标轴,以微观、宏观、财政、金融、国际贸易、国际金融等为横坐标上的点,再建立一个理论史的纵坐标轴,上从亚里士多德,下至今天各大经济学家。然后,横纵轴上坐标对应的一点,便是某人关于某个领域的思想,或是某一领域内几个人的不同观点。岱老说:"修课的目的就是建立这两个坐标轴。以后,你能有多大的作为,取决于这个十字架构造得如何。"

岱老的"十字法"岂不令当今学界中的唯成果论者汗颜,传道授业的教师,求学的学子,面对当下斑斓多元的世界,又有多少人能潜心建立自己的学问十字坐标?

经历过多次院系调整与改革的北大经济系,2012年以"北大经济学院"的身份刚刚庆祝过百年华诞。作为近现代中国国家建设的人才储备库,北京大学是与国家命运息息相关的学府。而作为北京大学最早的学门之一,经济学院,百年盛名之下又该如何担当荣誉与责任。

崇化精神与北大经济学院不断调整的思路,都包含着不断创新并求实的精神。前者受力于知识分子对现实的忧患意识,后者不单受益于个体知识分子,更得益于国家对改革的设计。而在社会剧变的今天,改革设计应当不仅仅引导教育机构培养人才的方向,而是应该引导人才参与到改革设计中来。

与石世奇先生处于同一风云年代的著名经济学人,还有对中国经济体制改革做出重大贡献的厉以宁先生、肖灼基先生等人。石先生以史为鉴,厉先生、肖先生投身现行。不平凡的时代与不平凡的个人相互选择,让个人在时代中以各自的思想为国家、社会贡献一己之力。永远不要忽视个人的思想力量。经济学家和政治哲学家的思想,正确也罢,错误也罢,其力量之大常人往往认识不足。事实上,统治这个世界的除了思想几无他物。当今世界经济秩序的主要奠基人之一凯恩斯将思想奉为世界的"统治者"。

两会之后,蛰伏已久的新一次国家崛起和社会转型蓄势待发,政客、学者积极参与,纷纷试图以己之策和方法影响今后的国家命途。这一时期,需要的是思想,而思想的立足点是关于国家的远见。经济系先人在当代中国的历史舞台华美出演,而今,换届后的新一个十年,在新一轮剧变中,北大经院的精英们该以何等方式投身"国家队"呢?在几经浮沉后,经济学院铁肩担道义与经世济民的宏大抱负该以怎样的形式呈现?

六、精神长存

初入崇化学会国学班,13岁的石世奇曾得龚作家先生教授半部《论语》,受其指点过写字、篆刻。次年中秋节,龚老师将一本《雪老遗作》送给石世奇。这是一本薄薄的小书,宣纸线装,只有15页。书的封面的书签上有"雪老遗作"四字,下有两行小字"弟子齐治源手拓 第百零三本"。

石先生于2007年的一篇小文《与王襄有关的一本小书》,记述了石先生与这本《雪老遗作》的情缘:"1946年我得到这本书时14岁,恐怕是有幸得到这本书的最年轻者,如今也已七十有四。当年获赠此书而健在者恐不多了。此书尚有多少存世,恐也不多了。我这本是'第百零三本',恐怕不是孤本,也算珍本了。王老说:'冀此区区册子,传之难传之世,亦人生悲苦之境、至艰之事也'。虽为'至艰之事',但毕竟尚有存于世者,亦幸矣!"

人生悲苦之境,至艰之事,石老一生经历荣辱沉浮;然而虽为"至艰之事",毕竟尚有存于世者,如石老深知人生悲苦之境,仍能心志笃定,不怨不嗔。石老之坚持,非固守、非强进,而是以柔克刚,以退为进,清风明月坦荡自如。唯愿先生的精神长存,指引后进者在新一轮变革的年代,坚守自我,贡献社会。

2012年6月9日

跟随石世奇老师读书的回忆

周建波*

一、初识石老师

我最早认识石老师是在1994年的春天。当时我在北大历史系从事学生管理工作,担任团委书记兼本科生工作组长,欲报考北大经济学院中国经济思想史专业的博士研究生。时任北大历史系系主任的何芳川老师力主我报考石老师的博士生,说他跟石老师自50年代末就认识,是非常好的朋友,并说石老师为人好,学问好,身材也好,风度翩翩,谦谦君子。听了何老师的介绍,我决定报考石老师的博士生,及至见了石老师,发现何老师所言果然不虚。石老师首先欢迎我报考中国经济思想史专业的博士生,然后又为功课准备之事向我推荐了两个人:一是正跟随赵靖先生读博士的周常生师兄。石老师说,凡是涉及专业课考试的情况,尽管问他就是。二是刘文忻老师。只要涉及西方经济学方面的学习,尽管去找刘文忻老师。又嘱咐我道,"只要向他们说明是石世奇老师介绍的,一定会热情接待你的。"石老师还说,刘文忻老师是一个非常好的同志,本来在国外深造,中途因为教师缺乏,临时调她回来,她义无反顾,无怨无悔。后来,我旁听了刘文忻老师的两门课——本科生的"微观经济学"、研究生的"微观经济学"。应该说,能够考上经济学博士,多亏了刘老师的认真辅导,在此向刘老师表示诚挚的感谢。

由于缺乏数学基础,我先跟着物理系学了大半年的微积分、线性代数;之

---

* 周建波,北京大学经济学院教授。

后跟着刘文忻老师学了两学期的微观经济学;跟着周黎安老师学了一学期的宏观经济学;跟着胡健颖老师学了一学期的统计学课程。至于专业课的复习,则按照周常生师兄的指导,认真阅读赵靖先生的《中国近代经济思想史讲话》(人民出版社,1986年)、《中国古代经济思想史讲话》(人民出版社,1986年),以及由赵靖先生主编、石世奇老师副主编的《中国经济思想通史》第一卷(北京大学出版社,1991年)。皇天不负有心人,经过一年多紧张的准备,我竟然考上了,与李绍荣、刘宇飞同班。其中中国经济思想史85分,西方经济学81分,对非经济学专业加试的统计学95分。据说报名的考生有90多人,但正式参加考试的不到60人。我的弟弟周建涛也考上了,他学的是政治经济学专业,先师从孙尚清先生,孙先生去世后,又师从傅俪元先生。兄弟俩同年考上北大博士生,且在一个班,这在当时引起了不小的轰动,一时间电视台、报社纷纷采访。

考上北大经济学博士对我的人生道路影响相当大,它让我明白了一个道理,竞争优势分静态、动态两种。从静态讲,在所有的考生中,来自历史系,缺乏数学基础的我可谓竞争优势最弱,但时间能改变一切;从动态来讲,所有的竞争优势都是相对的,是可以通过努力加以改变的。一句话,只要思想不滑坡,办法总比困难多。

二、读博期间的生活

1995年,北大中国经济思想史专业招了两个博士生,除我外,还有从北大法律系考上的张虎同学。中国经济思想史专业的老师——赵靖、石世奇、陈伟民、郑学益,还在勺园二号楼搞了一个茶话会欢迎我们1995级新同学(还有两个硕士生)。师兄、师姐们发言时的基本倾向是:随着社会越来越功利化,中国经济思想史专业也越来越边缘化,因此对这个学科的未来存有疑虑。临到我发言时,我倒认为这个学科的未来非常美好,理由有二:一是随着中国经济的发达,中国文化必定走向复兴;二是采用经济学的观点分析中国历史,分析中国经济思想的演进,较之传统的视角非常有新意,非常有说服力,这正是中国经济思想史学科的生命力所在。郑学益老师为此大大表扬了我,说一个刚刚进入经济思想史专业的人就对学科的未来如此有信心,这是件大好事,值得提倡。

读博第一学年的第一学期没有专业课。我选修的四门课程是:张维迎老师的"高级微观经济学"、晏智杰老师的"西方经济学说史",以及"马克思主义哲学""英语"。第二学期,石老师给我和张虎开设了"中国古代经济思想(一)",也就是先秦经济思想,石老师列了一大堆书单,包括胡寄窗先生主编的《中国古代经济思想史》(上册)、巫宝三先生主编的《先秦经济思想史》、赵靖先生主编的《中国经济思想通史》(第一卷),以及《论语》《孟子》《庄子》《老子》《墨子》《管子》《商君书》《韩非子》《史记·货殖列传》《史记·孔子世家》《史记·孟子荀子列传》《史记·老子韩非列传》等。上课的方式是隔周上课,每次四个小时,先提前阅读指定的参考书,然后课堂围绕布置的思考题讨论一个小时左右的时间,最后听石老师讲解。听石老师讲课真是一种享受,尽管我是历史专业出身,对孔孟老庄自感了解比较多,但听了石老师的讲课后,才明白自己是小儿科。比如,当时学术界的主流普遍认为孔子一生不得志,我们讨论时也谈到了这一问题,石老师说要看孔子一生得不得志,关键看比较的对象是什么。若跟理想比,孔子当然不得志;若跟同时代的大多数人相比,孔子是生前得志,死后更得志。孔子15岁按照当时社会的习俗读书;17岁结婚;20岁生子时,鲁国国君专门送了一条鲤鱼作礼物,孔子为了纪念这件事,给孩子起名叫孔鲤,字伯鱼。三十岁时,孔子被尊为圣人。孔子活着的时间,就有不少人认为,他比尧舜禹文王武王周公还要伟大,称其"生民未有"。这些观点、史料都是我闻所未闻的,可用"震惊"两字形容。

北大经济学院1995级的博士生是非常幸运的。当时国家发展研究院的前身——中国经济研究中心刚刚成立,他们没有自己的学生,遂负担着为经济学院、光华管理学院的硕士生、博士生开设相关课程的任务。授课的老师中,除了张维迎老师开设"高级微观经济学"外,还有林毅夫老师开设"中国经济改革专题"、宋国清老师开设"高级宏观经济学"、周其仁老师开设"经济制度与组织的历史透视"等。这些老师刚从国外回来,带回了西方最新的经济学思想,对我们的影响非常大,以至于上石老师课的时候,不自觉地运用现代经济学的观点分析先秦的经济思想,尽管很幼稚,但石老师总是大加鼓励。

尽管非常喜欢石老师的课，但考试成绩很不理想，只得了75分，是我读博时的最低成绩。石老师的考试是闭卷，分三大内容：一是基础知识，比如要研究孔子的经济思想，需要参考的资料主要有哪几本书；要研究老子的经济思想，主要的参考资料有哪些；以及四书五经、三纲五常的具体内容，等等；二是简要回答题；三是论述题。就平时讨论的情况来讲，我比张虎稍优一些，毕竟我是学历史出身的，但期末考试时张虎发挥得好，得了80分，我只得了75分，主要是基础知识丢的分。原因者何？当时郑学益老师带我去外地调研，在大开眼界的同时也占用了不少时间，没好好复习功课，自然成绩不好。石老师为此严厉地批评了我，说考博时我的专业课成绩比张虎高不少，怎么读了博士后反而下降了呢？我向石老师检讨了错误，表示下学期一定好好学习，把成绩提上去。

读博第二学年的第一学期上的是赵靖先生的"中国经济思想史方法论"，参考教材是后来获得中华图书奖的《中华文化通志·经济学志》。赵先生是学术大家，他打破了传统经济思想课程的教学方法，从围绕人物讲解变为围绕经济范畴讲解。赵先生上课很严，不允许请假。当时共青团中央搞了一个"振兴千家中小企业"活动，因我当过团干部，又是经济学博士生，他们邀请我担任该项活动的顾问，先后去江苏徐州的大地集团、维维集团、维爽集团，山东青岛的海尔集团、海信集团，江苏淮阴的三毛集团，以及辽宁沈阳、吉林敦化及延边的一些企业考察，但这样不免与上课产生冲突。记得有一次又要去外地考察，我向赵先生请假，赵先生不批准，只好比别人晚一天去。赵先生的考试非常严格，分期中考试、期末考试。我记得印象最深的是期中考试。考试采取口试的方式，分抽签回答、抢答两类。抽答主要涉及讲课的内容，抢答主要涉及《论语》《孟子》等经济思想史名著。由于跟石老师的那学期没考好，从这学期一开始就憋着一口劲，一定要考好，因此复习功课时很认真，这样自然考试成绩优秀，尤其是抢答部分最为出彩。这一方面是因为自己确实下了功夫，另一方面也是因为历史专业出身，对春秋战国的历史尤其是儒家的历史有一定的了解。考试整整进行了一个上午，最后赵先生当场宣布考试成绩，我考了85分。出了赵先生家后，我赶紧跑到石老师家报告这一好消息，石老师很高兴，鼓励我继续努力，不能骄傲、懈怠。

三、博士论文的选题

　　读博第一学年的第二学期,我还选修了林毅夫老师的"中国经济改革专题"。林毅夫教授经常用制度、制度变迁思想分析中国的改革开放,且经常布置作业,要求提供制度变迁的案例,字数多少不限,要求下次上课时带来,再下下次上课时由他点评。我考虑到,这历史本身的发展不就是一个个制度变迁吗,于是经常在上课前(林老师的课在三、四节)赶写作业,花上差不多两个小时的时间赶写一篇历史上的制度变迁的案例,大概两三千字的样子。我记得第一次写的是洋务运动的案例,分析洋务企业是如何从官办走向官督商办,最后走向民办的过程,写作运用了一点制度变迁的思想,本来是急就章的东西,没想到林老师评价蛮高,在班上大大表扬了我。第二次写的是我所在的小山村果园经营制度变迁的案例,也是两千多字,又受到林老师的表扬,后来这篇作业被扩充成1万多字,参加了"百名博士百村行"活动,获得一等奖,受到全国人大常委会副委员长姜春云、雷洁琼接见。至于后来的三、四次作业,仍是围绕历史上的制度变迁展开,均获林老师表扬,这下子我在班级出了名。林老师还让我去他的办公室,鼓励我博士论文就写洋务运动,并说这对今天的中国改革开放很有启发。林老师的鼓励对我当然是很大的鼓舞,但洋务运动的书太多了,称得上汗牛充栋,仅中兴名臣曾国藩、李鸿章、左宗棠、张之洞,每个人的书就是十五六卷,一想到这里,我的脑袋都大了,因此并没有马上接受林老师的建议,只说一定好好考虑。

　　博士二年级下学期快结束时,石老师和我探讨博士论文选题之事,我表示有两个题目,一是20世纪30年代的土地问题大论战;二是洋务运动,并介绍说这是林毅夫教授建议我写的题目。就我的内心讲,我是希望写20世纪30年代的土地问题论战,这是我熟悉的题目,我的硕士导师成汉昌教授(1995年去世,年仅49岁)就是搞民国土地改革研究的,而且我的师弟朱春林的硕士论文也是研究这个方向的。但石老师当场否定了这个题目,说它只适合写硕士论文,不适合写博士论文。我解释说,第二个题目的难度太大了,要看太多的书。石老师说硕士论文适合写一个点,博士论文必须写一个面,你就写这个题目了。他劝慰我说,你是在职博士生,四年毕业;你的同学是脱产的,三年毕业,而且你不用和他们一样找工作,这样就腾出了大量的时间读书、写论文。现在你的博士课程已学完,可和他们一起参加毕业论文开题,一起写论文,我相信只要好好努力,一定可以写出一篇优秀的博士论文,况且你是我的第一个博士生,我是不会轻易让你毕业的。我接受了石老师的建议,从此和张虎一样进入了紧张的毕业论文写作阶段。由于我比张虎多了一年时间,石老师让我多读书,尽可能把有关的书都读完,并要求我每隔一段时间向他汇报读书体会。鉴于第一学期75分的教训,在毕业论文的写作上我下了很大功夫,天天泡在图书馆,埋着头看了一年书,本想把有关的书都看完,没想到越看越多,因为每部书后面都有注释,按照注释再去看有关的书,固然可以加深对该问题的理解,但也造成越看越多,最后实在读不完的现象。到博士第三学年第二学期的期末,我感到不能这样读下去了,还是赶紧写作吧。石老师同意了我的意见,并列了写作时间表,大概是春节前交初稿,春节后一个半月交二稿,四月底交三稿,并准备5月初预答辩,六月初最终定稿。这样,从1998年7月起,我就进入了紧张的论文写作时期。

四、博士论文的写作

写毕业论文的一年是极其紧张的。为此我专门买了电脑,但刚开始不熟练,有时打了半天忘了保存,不小心全给丢掉了,就这样用了大半年的时间,到年底完成了毕业论文初稿,快30万字。论文分四个部分:第一部分是绪论篇,探讨洋务运动产生的历史背景、领导构成、指导纲领、发展战略等;第二部分是微观企业经营篇,从资本的筹集、技术的取得、企业家的来源、工人的来源、股份公司制度建设、企业经营管理等多方面探讨了洋务企业的经营管理;第三部分是宏观国民经济篇,从农业、工业、商业、国际贸易、交通通信、金融、过剩劳动力的转移等方面研究了传统经济结构向现代经济结构的转轨;第四部分是结语篇,从洋务现代化思想的来源、清政府与洋务运动、洋务现代化思想的评价等方面总结了洋务运动的得失及对后世的影响。

石老师嘱咐我春节前交稿时务必把史料的注释写清楚,他要利用春节的时间好好看我的论文。当我新学期开学初如约去他家谈论文时,发现他家里客厅、书房的地板上摆满了书,他在一条一条核实论文的史料。简单寒暄了几句后,石老师开门见山地说,论文的框架出来了,史料很丰富,有好多是他过去没有了解的,说明我下了功夫,看了不少书,但写作很粗,还得好好修改。后来,郑学益老师告诉我,他问过石老师我的论文初稿的情况,石老师也说论文史料丰富,框架搭建合理,但写作很粗,还得加紧修改。

石老师和我都认为,论文最大的创新和出彩之处是第二部分的微观企业经营篇,但这部分的史料明显不足。于是在第二稿修改的过程中,我下了很大的力气去修改这部分内容,又跑书店,又跑琉璃厂,最后确实找到了不少与洋务企业有关的新史料。直到今天我还记得,写洋务企业技术的时候,受徐鼎新的《中国近代企业的科技力量和科技效应》影响很大;写洋务企业工人的来源、状况、收入时受孙毓棠的《中国近代工业史资料》(1840—1895年)(科学出版社,1957年)、汪敬虞的《中国近代工业史资料》(1895—1914年)(科学出版社,1957年)、陈真的《中国近代工业史资料》(三联出版社,1958年)影响很大;写企业家来源时受郝延平(美籍华人学者)的《十九世纪的中国买办:东西间桥梁》《中国近代商业革命》影响很大。

对于史类学科的论文来说,史料肯定是最重要的。当时我把曾国藩、李鸿章、左宗棠、张之洞等有关经营洋务企业的资料全翻遍了,把洋务幕僚薛福成、王韬、马建忠、冯桂芬、容闳的文集更是不知看了多少遍。每写一章,都从图书馆背许多书回家,写好后送回去,再准备下一章的参考书。为了写好企业经营篇,我还特地去听企业理论专家张维迎教授的课。张老师对国有企业改革很关心,他听我讲了洋务企业的情况后,很感兴趣,问了我不少问题,诸如李鸿章是如何选择国有企业家的,如何进行国有企业改革的,对国有企业犯了错误的官员如何处置,如何进行国有企业的改制的,等等。有了张老师的理论支持,再加上丰富的史料,洋务企业经营这一部分自然大大充实了起来。

至于宏观国民经济部分,则受赵丰田先生的《晚清五十年经济思想史》、胡寄窗先生的《中国近代经济思想史大纲》、叶世昌先生的《中国近代市场经济思想》影响比较大。就这样紧张地修改了一个半月,当我将第二稿送给石老师时,他比较满意,但指出有的地方引文太长,比如在介绍洋务大员的融资思想时,我完整地引用了张之洞提出的和外资企业合作有九点好处的史料,石老师看了很高兴,说这跟邓小平的引进外资的论述很相近,而且比邓小平讲得还全面,真的好极了,舍不得删掉,但作为论文的写作来说,应该分开写,不应该集中在一起。

就论文的第三稿而言,主要集中在对洋务思想来源的分析——既受到西方思想的影响,又受到传统的经世致用思想的影响,对洋务现代化思想的评价,以及晚清政府与洋务运动的关系等方面。我的结论是:发展中国家现代化的重要条件是要有一个既有现代化导向,又对社会资源有相当控制度的政府,两者缺一不可。20世纪60年代后,亚洲四小龙的崛起,中国巨龙的腾飞,都鲜明地证明了这一点。石老师看了这一稿后,很高兴,说论文越来越成形,不需要做大的结构修改了。当时离5月初预答辩的时间不远了,石老师说下一步的重点是进行文字的修改,朝着一篇成形的优秀论文方向努力。当时国家教育部刚发布一个文件,要评比全国优秀博士论文,奖额50万,石老师鼓励我争取全国优秀博士论文,我也很振奋,以此作为努力的目标。预答辩时,老师们提了一些意见,印象最深刻的是赵先生,他建议论文题目定为:洋务运动与中国早期现代化思想。预答辩后,又拿了二十多天的时间进行最后的修改。

经济学的一个重要理论范畴是规模经济,这话讲得真对,当论文写作到非常紧张的状态时,那是"不须扬鞭自奋蹄",没白没黑地修改。改了前面,感到后面不成熟,于是又修改后面。后面修改了,又感到前面不成熟,于是又赶紧修改前面。就这样翻来覆去,不过确实是越改越好,越改逻辑性越强,线索越清晰。石老师严格地掌控我的写作进度,说这篇稿子如果能再修改半年,那就更好了,但时间来不及了,要赶紧定稿,不能再拖,必须在规定时间内将最后定稿送到答辩老师手中,我是直到在打印室里进行最后定稿时,还在紧张地修改,真的是欲罢不能。答辩前夕,石老师嘱咐我要在三分钟内将论文的要点陈述完毕,必须要有高度的逻辑性,要认真准备。答辩那天,赵先生是主席,参加答辩的老师中除了本院的陈伟民老师、郑学益老师、石老师外,还有人民大学的虞祖尧先生、中国社会科学院的朱家桢先生。赵先生要我三分钟之内陈述完毕，我做到了；赵先生又要我用八个字陈述，就是两个成语，我没有做到。答辩委员对论文的评价蛮高，赵先生也说，这是一篇有相当力度的中国经济思想史博士论文，但他要我记住，要做中国经济思想史的论文，必须既要有经济学的根底，还得有历史学的根底，这个结合是不容易的，我只是在这个方面作了初步的工作，将来还有很长的路要走。对于赵先生的这句话，我当时感受并不深，但在后来的研究工作中越来越感受到这句话的分量。对于从事经济思想史研究的学者来说，一方面要了解经济学的最新理论，另一方面还要掌握大量的史料，确实不容易，必须要做长期的准备才能成功。

博士论文通过后，大脑先是一片轻松，接着开始感冒，脑袋成天晕乎乎的。当时都担心是不是身体出问题了，就问本班的王长青同学，他说大家都这样，他也如此，不必担心。这是因为，前段时间身体耗费太厉害，全身高度紧张，也不得病，现在论文写完了，全身放松，疾病一下子全来了，他建议每天去艺院食堂吃一碗涮羊肉（当时只艺园食堂做），对身体很有好处。我遵从他的建议，每天中午去艺院食堂吃一碗涮羊肉，吃了大概半个月，晕的感觉开始消失。后来碰到光华管理学院的一位同学，他说他的脑袋晕了40多天才慢慢好转。过去听人说，写博士论文扒层皮，自己亲身经历过，真的是不容易。我是喝着中草药写完博士论文的，当时不敢开窗，一遇风脑袋就受不了，我们有一个同学写论文的最紧张时刻，夏天都不敢开窗，脑袋遇风即疼。

如果真像石老师说的，半年后举行答辩的话，我一定还能继续修改，精益求精。但博士论文通过后，就再也没有看过，直到出版，连一个字、一个标点符号都没有改动，从科学精神的角度来讲这种做法肯定不好，但也说明写作博士论文用功之勤，以至于累过了劲，看都不想再看一眼。我现在讲课，讲的肯定都是自己研究过的内容，但对下功最勤的洋务运动这一段却从来没有讲过，自己想想都感到奇怪。

论文写作时受到石老师的鼓励，是冲着全国优秀博士论文的目标去的，但院里第一关评审就刷了下来，搞得一下子没信心了。但这篇论文毕竟下了很大的功夫，此后连着获了几个大奖：2002年北京大学优秀科研成果二等奖，2002年北京市优秀科研成果二等奖，2002年中国经济思想史学会一等奖，2008年北京大学改革开放三十年优秀著作提名奖。香港凤凰卫视《开卷八分钟》还专门介绍过这本书。我想这些成果应该可以告慰石老师的在天之灵了。

博士论文通过后半年,我从历史系调到了经济学院,开始接手石老师的研究生课程——"中国古代经济思想"(一),从此与教学相统一的研究遂转移到了先秦诸子经济思想方面。当然,受读博期间石老师讲课的影响,也将一部分精力转移到了明清商帮文化的研究当中。记得在一次课堂讨论中,石老师指出,现在搞股份制研究的往往都讲西方,其实明清晋商的股份制度就很发达。晋商为了满足满蒙地区游牧民族以及东欧、俄罗斯民众饮茶的需要,就远到武夷山采购。如此纵横几千里的网络系统,需要多少资本来维持,为此不能不突破家庭、家族血缘关系的限制,而到广阔的大社会中融资,这就是晋商股份制的由来。这个观点对我影响很大,1999年下半年,一个朋友约我到山西祁县税务局讲课,我本来不想去,朋友特别介绍就是乔家大院那个地方,我立马想到了石老师讲的晋商股份制,劲头一下子调动了起来,说起来我与晋商的缘分还与石老师有关。博士毕业后也出过几本书,比如《变革时代的管理智慧——儒墨道法与现代管理》《先秦诸子与管理》《成败晋商》等,但自感都没有博士论文写得精彩,这可能是与导师的严厉督促、评委老师的严格要求,以及自己连惊带吓的心情,激发出了全身的活力有关。石老师当时就讲,许多学者一辈子最好的成果就是博士论文,有的诺贝尔奖的获奖论文也是博士论文,现在看来确实很有道理。

调到经济学院后,仍然经常到石老师家里去,继续聆听他的高论,但大多是节假日去,已不能像读博,尤其是博士论文写作期间那样,和石老师频繁地见面了。在石老师去世前的两三年里,因师母也患病,我倒经常替他到北医三院取药,或者送他到医院看病,这样和石老师见面的机会又多了起来,但这样的见面显然是每一个人都不愿意的。所以直到现在,提到石老师,我想的最多的就是跟随石老师读博士,尤其是写毕业论文的时光,并以此纪念敬爱的石老师。

2014 年 8 月 2 日

风标常在　师德永存

□ 邵明朝[*]

2007年,赵靖教授去世时,我们失去了一位学术开拓者、领路人和忠厚长者,北京大学中国经济思想史专业的旗帜还没有完全倒下。五年时间匆匆过去,当得知石世奇教授离开我们的消息时,顿觉中国经济思想史界失去了原有的优雅和魅力,油然产生了一种失落和斯文不再的感受。当晚,两位先生的影像片段自脑海中一幕幕闪过,梅莹、黄爱华师母的音容笑貌如在眼前。感念之余,写出如下句子:

先生既去,斯文尽矣。教学相长,亦足证矣。其与梅黄,濡沫泮兮。
为人师表,胡可追矣?何不悲兮,中心摧矣。犹父母兮,慈恩垂矣!
昔我往矣,音容在兮。今我来兮,思难已矣!

石世奇老师是赵靖教授的学生,他们是数十年学术研究密切合作的典范。两位先生潜心学术、孜孜矻矻,教书育人五十余载,一生淡泊清正,从不为名利所累、权位所惑、人情关系所困,深得师生和界内景仰。如果说,"南胡[1]北赵"代表了国内研究中国经济思想史相得益彰的两种不同视角、不同风格和路径,那么,石世奇先生是协助赵靖教授完成"北派"拼图的最得力助手与忠诚的战友。他们从近代经济思想史的成功研究入手,直到完成通史四卷的构思布局和编撰工作,无论年富力强还是耄耋相扶,一条学术的纽带联结了两人一生的情谊和事业。尤其难能可贵的是,不论社会风气、价值观念

---

[*] 邵明朝,中央纪委驻国家发展和改革委员会纪检组副组长(正局级)。
[1] 胡:指原上海财经学院胡寄窗(1903—1993)教授。

如何变换,他们总是能够抱朴守拙、亦师亦友,几十年如一日,坚定不移地走自己选择的学术道路,并通过其严谨治学和独立精神潜移默化地影响后人,培育后进,这个信念从来不曾动摇。"寒松纵老风标在",石世奇先生继胡寄窗、赵靖教授先后离去,也使中国经济思想史界那一代宗师的风范随之而逝。

先生对中国传统文化的热爱和坚守令人终生难忘,直接影响了一批批后学的价值观。记得研究生毕业后我曾经跟两位先生谈到,正是1985年秋季刚入校的那个学期,石老师为经济学院85级同学所开设的"中国古代经济思想史"课程,唤起了自己对该专业的初步兴趣。时隔近30年,第一课的情景仍历历在目:外文楼的阶梯教室里,石老师讲课简洁明了、逻辑清晰、深入浅出,其对先秦文化和经济思想的阐释、儒雅的举止、流畅的板书让刚入北大的我们耳目一新;同时,一门课程贯穿了经济、哲学、历史和文学等多方面内容,又使同学们陶醉在中国传统文化百家争鸣的思想美的意境中。也正是这门课程促使自己以《中国古代改革家的悲剧性命运》为题撰写了学士学位论文,坚定了继续读研的选择。读研后了解到,石老师为清末著名经学家、古文字学家、朴学大师俞樾的再传弟子,自幼对传统文化爱而乐之,故20世纪50年代初从北大借调到北京市委政策研究室工作一段时间后仍选择重回学校继续学业,最终走了一条教学和学术的路。我想,中国经济思想研究应该就是先生爱好与职业的完美结合点,故其能够始终如一地坚守这一方营垒,以自己的身体力行感召、影响后学末进,从而达成学术上的传承,体味到人生的成功和乐趣。在赵、石二位先生门下苦读三年,耳濡目染,我们深切感受到了何谓学者风范、和而不同,何谓为人师表、德艺双馨,也由此巩固了自己的人生选择和道德底线。即使在各领域都在发生裂变的当今社会,面对价值秩序紊乱、异化问题突出,功利、浮躁、怠惰、不满、戾气一时甚嚣尘上,我们绝大多数学生也能够正确认识传统与现代之间的断裂和错位,比较客观冷静地对待现代化进程中社会及个人的价值冲突和矛盾,虽然偶有失望、摇摆,但终究能够坚守心灵的一片净地,着力提高自身修为,努力做到教学有道、在商言信、为政以德。

先生关心弟子的学习生活,提倡独立思考,鼓励学术探索。凡是先生的学生,没有未在老师家里用过餐的,甚至其他一些专业的青年教师或学生,也有不少经常在先生家里边吃饭边交流的。最典型者莫过于每届研究生毕业时，必有两顿师母亲自安排的丰盛正餐，一餐在石先生家，一餐在赵先生家，从未有过间断。这一餐"毕业饭"里饱含的是师生亲情，有寄托和希望，也有无言的期待和承诺，却从来不囿于本专业的或个人的前途和发展，而在于鼓励学生把握迈入社会后的定位，能够将个人发展与国家、社会的需求很好地结合起来。这是每个研究生走出师门后永生感念的，也是回校看望老师时重点"汇报"的方面，尽管先生们从未要求我们如此去做。平常讲课时，石先生都要求学生在预习和系统梳理各方面观点的基础上先讲出个人见解，然后再开始授课、讨论交流，以此督促我们深入、独立地思考，形成扎实的学风、良好的思维方法。比如，自己读研究生时曾经提出孔子思想体系的核心范畴是"德"，"德"是内在的，"礼"和"仁"则是外在的，即用以规范社会价值秩序；王莽改革是一场闹剧，他虽然看到了社会经济生活的问题，但其改革措施、开出的方子完全不符合客观实际，甚至与实际背道而驰，具有明显的非理性特征，等等。虽然有些看法比较幼稚且与主流观点不一致，但只要言之有物、符合逻辑，先生们都会在指出问题的同时给予鼓励和具体指导，以使学生掌握科学的研究方法。

先生严格要求、提携后进，但尊重每个人的选择，从不将自己的意志强加于人。1993年4月，我在全面搜集、整理资料，釐清永安公司这个中国近代规模最大、管理方式最先进、仅次于申新的第二大纺织企业集团的百货企业的发展脉络的基础上，完成了硕士毕业论文——《永安公司的经营管理思想与实践初探》。此文被中国人民大学教授虞祖尧先生评价为"厚积薄发之作""为近代民族实业家经营管理思想的研究填上一块耀眼的玉石"。论文初审时，曾由于打字员的疏忽漏掉了一段文字，没想到石先生审稿后在给予肯定的同时，竟一眼就指出了该问题，并要求进一步在理论分析、文笔洗练上下功夫。这种认真负责、一丝不苟的态度让我感触很深，此后在工作中自己逐步形成了严谨细致的工作作风。论文完成后，我即开始考虑工作去向，对相关单位作甄选比较。一天，在四院二楼碰到了石先生和时任经济系主任的陈德华教授，陈先生关心地询问起毕业后的选择、是否愿意留院任教和攻读在职博士学位，但自己因希望到企业历练而婉谢。当初主要考虑，自己在燕园已经生活了8年,到了离开校园做人生新的体验的时候了,而且感到学力甚浅、做学问的功底不足,与先生们相比如杯水之于大海,留校任教不是最优选择。石、陈老师尊重我的个人选择,不再勉强。实际上,先生作为当时的经济学院院长,是时刻关心着学院和本专业建设包括教师梯队建设的,但只要学生、年轻教师经过深思熟虑做出选择,无论参加工作、培训还是海外进修、攻读博士学位,学院一律开绿灯。他们与陈岱老、胡代光等先生一样,延续了北大经济院系非常民主的传统,对于每一个学生、每一个青年教师既严格要求又真心关爱,始终注意鼓励、引导、鞭策和提携后进,同时予以充分的理解、尊重和信任,做到了润物无声、师道无形。

先生珍惜亲情和友谊,堪为我辈楷模。石世奇先生与黄爱华老师,就如赵靖先生与梅莹师母一样,终其一生都是相互信任、相互支持、相濡以沫,并且携手走完共同的人生旅程。这一点值得我们每一个中青年人、每一对夫妻尊重和学习。师母长期默默支持先生的工作,很少以家事杂务影响先生的教学、研究。应该说,先生们的学术造诣和成功中有着她们的充分理解,也浸透着她们的劳动与汗水。师母对所有学生一律平等看待、慈爱有加,就像对待自己的孩子一样。学生们对毕业后的发展,甚至包括婚姻状况、子女的成长教育等等,也都愿意跟她们唠上几句。师母辞世后,两位先生也即追随而去。其实,这无论对于先生还是师母而言,两人能够前后脚离去,未尝不是一种完美的归宿和解脱,是前世今生修得的缘分。两位先生一生志趣相投、合作共事,是真正的君子之交,同样值得我们学习。曾记得,2004年秋天,我去看望赵靖先生、梅莹师母,聊了一些近况后,赵先生突然打断我和师母的谈话问最近见了石老师没有,言谈之间,流露出对石老师身体状况的系念,并说担心石老师先于自己而去,依依之情溢于言表。那时,赵先生脑溢血后遗症已经很明显了,反应有点儿慢,石先生的肺气肿也很严重,而且石先生从中关园搬到了蓝旗营,两人见面的机会少了,但那份牵挂却让人感动。

石、赵两位先生一生本色行事,为人为学坦荡、低调、执着、专注,淡定从容,朴实无华。他们深得"忠""恕"之道,同时又讲原则、守规矩,不恃才傲物,不趋时媚上,从不计较个人利害得失,可谓年愈高而德愈劭,身虽沉而心不改。他们以教书育人和学术研究为乐,以其深厚功底、精卓学识、职业精神培养、影响了一批批学人,使之在相关行业、相关工作中发挥了中坚作用。他们关心现实经济问题和国家前途,即使在最后的日子里也不能忘怀,仍然要与前往看望的师生们聊上几句,听听大家的看法。

当下,我国经过三十余年的改革开放,经济社会极大发展,但承平日久,一些行业和领域却积弊日深、矛盾尖锐,一些方面风气败坏、道德滑坡、诚信堪忧、关系紧张,功利主义、拜金主义、享乐主义大行其道,全社会核心价值体系的培育任重道远。对此,政界和知识阶层责无旁贷,必须承担起历史重任、有所作为。我们身为先生的弟子,理应继承先生们的师德风标,坚守正确的社会伦理和价值观,以坚定的信念、道义感、职业精神和工作作风影响周围人群;聚力凝心,为推动社会风气根本转变、实现"中国梦"目标而努力。这也许是我们纪念先生的最好方式。

2013 年 4 月 6 日

忆石老师

□ 吴丽红[*]

记得还是1990年冬天里的一天,天气寒冷且下着雪,我骑着自行车前往中关园石老师家上课。那天穿着一件新买的"伊里兰"羽绒服,大红颜色。到了石老师家,敲了门进去,石老师像往常一样正在客厅等我。不一样的是,他那天盯着我看了一会儿,说:"这件大红羽绒服很漂亮,尤其在这雪天里穿。"他的话让我吃了一惊。自入学从师石老师以来,心里一直对任北大经济学院院长的他心存敬畏。他长得高而清瘦,气质儒雅,不苟言笑,无形中透着一股威严。在他面前不免有点紧张。那天他对我穿那件羽绒服的评论,让我看到了石老师"凡人"的一面,增加了很多的亲切感。随着和石老师相处时间的增多,我慢慢解除了在他面前的紧张和拘束,对石老师也有了更多的了解。

石老师是一位十分开明的老师。记得20世纪90年代初,出国热、经商风盛行高校。许多研究生毕业后纷纷改行,从事和本专业差别较大的职业。这些行为在当时被许多人认为是"不务正业""浪费资源"。石老师却能理解并表达自己的看法。他说,高校教育很大一部分还是基础性教育,注重对学生品德、能力、方法的培养。这些东西是学生受益一辈子的。毕业后,无论做什么,从事何种职业,都需要具备优良的品德、能力和方法,更好地为社会服务。有一个不争的事实是,中国经济思想史专业毕业的研究生,虽然很多人都没有从事本专业的教学或科研工作,但在不同的职业岗位上取得了傲人的成绩。很多毕业生都把自己的成绩归功于在中国经济思想史专业从师的经历,

---

[*] 吴丽红,北京大学经济学院1989级研究生。

归功于赵靖、石世奇两位导师的培养。赵靖、石世奇两位导师对中国经济思想史专业的研究生的品格塑造、人生观、工作态度等都有深远的影响。对于当时的出国潮,记得石老师对我说,过去"桃李满天下"的"天下"指的还只是华夏大地,而现在,学子们纷纷走出国门,到全世界各地求学和创业,才是名副其实的桃李满天下。蔡元培先生曾以"思想自由、兼容并包"八个字作为北大校训。"思想自由、兼容并包"在石老师的身上和他一辈子教书育人的实践中得到了很好的体现。

石老师非常严肃认真,对学生要求很严,因此要从他那里拿高分并不太容易,大家都不敢掉以轻心,上过石老师课的研究生应该都有同感。但在私下里,他对学生既慈祥又关心,富有人情味。他既关心学生的学业和家庭,也关心学生的前途,积极做他们的推荐人。当他得知我有意向在毕业后从事高校的教学工作时,极力地把我推荐到刚成立不久的清华大学人文学院。后来我顺利地进入清华大学人文学院经济研究所工作。真的很感慨,我们这些师从过赵靖、石世奇教授的经济思想史专业的毕业生,是多么的幸运。我们有最好的导师,得到了系统的、严格的专业训练和培养;他们又如此地爱护我们,时时做我们坚强的后盾,我们是多么幸运。

石老师也很乐意向学生们分享他的成长求学经历和家庭生活。紧张忙碌的工作之余,他最喜欢的事就是陪她的小外孙女小米玩。每次谈起小米,他都十分开心。他也和我谈起过他和黄老师相濡以沫,长达半个多世纪的婚姻生活。他说他们夫妇总是相亲相爱,工作上互相支持。和石老师在一起的点点滴滴,汇成溪,虽看似平淡无奇,但一直影响着我们。

随后长达十六年的时间里,主要通过书信和石老师保持联系,这成为我生活中温馨珍贵的一部分。每次收到印有大学印章的信封,看到石老师那文如其人般优雅稳健的字体,一股暖流就在我心头弥散。

在此附上来自石老师的三封信。

2000年12月27日:收到你们的贺卡和照片非常高兴。看到了你们的三个孩子,更是令人高兴。祝你们在21世纪幸福安康,鹏程万里。我将于新年后,春节前迁新居。同学们的照片等我洗印好再给你寄去。

2003年1月15日:收到你们的贺卡和信很高兴。知道你们在盖新房,更加高兴。我在过去的一年中,身体尚好。目前尚有一位博士生,叫刘群艺,是本院国际贸易专业的讲师。上一点课,主要是安度晚年。

  2011年1月4日:收到了你们寄来的贺卡,谢谢。你们每年一张卡,十几年没断,令人感动。我为你们高兴,孩子都这么大了,老大都要上大学了,老二、老三也上八年级了。时间过得真快。我和黄老师现在都有病,和你们前几年来时比,变化很大。刘灵群也发来贺年的邮件。你们在异国他乡,不但有联系,而且有来往,你们还接待他们在家中住了几天,我很高兴。遗憾的是,我和黄老师不能享受你们的接待了。我们已足不能出户了。春节快到了,祝你们全家幸福安康,万事如意。

  我的抽屉里珍藏着历年来自远方恩师赵靖、石世奇以及郑学益老师的书信,这一封封跨越太平洋的书信,从我出国到2011年,十几年就没有断过,何等宝贵!现在,他们相继故去,我感觉情感的一根重要的弦断了,心灵中有无法填补的空洞。我的生活中再不能有对这些书信的企盼了。

  仅以此寥寥数笔,以寄托哀思。

2013年4月6日

我心中的阳明

——纪念恩师石世奇先生

□ 刘灵群[*]

天地不仁,时光如飞。石世奇先生离开我们已经快一年了。先生的音容笑貌,刻骨铭心,时常清晰地出现在我的脑海中,永志难忘。石先生一生立德、立言、立功,是我心中的王阳明式的人物。我于1992年考入北京大学经济学院,成为中国经济思想史专业的硕士研究生,石世奇先生、郑学益老师是我的导师。1996年,我被推荐免试成为中国经济思想史专业博士研究生,石世奇先生再度成为我的导师。我自1992年起从师石世奇先生,受教良多。先生的言行、教诲使我终生受用、终生怀念。

一、从严教学

石世奇先生身材修长,相貌清瘦,神态威严而不失温和。要言不烦,先生言谈惜字如金,每每简要中肯,直指要害,令人钦佩。这是每个接触过石世奇先生的人都会有的印象。石世奇先生也有其平易幽默的一面。许多人都听石世奇先生讲过这样的小故事:"北大前身是京师大学堂,当时大学堂的学生都是有官衔的,上体育课的时候,教员对学生发令,都要称呼'大人'的。比如:'大人,请向左转!''大人,请开步走!'"听者往往大笑,和先生之间立马有了亲近感。其实,我觉得先生对学生常常讲这故事是有其对学生极其尊重

---

[*] 刘灵群,北京大学经济学院1992级研究生。

的深意的,石世奇先生对后学晚辈也总是尊以"同志"之称,毫无居高临下之心。

石世奇先生治学严谨,对学生要求严格,对自己教学也从严自律。我在读硕士时,石世奇先生身任经济学院院长,行政工作繁重,但先生也没有因此而耽误教学。1992—1993年,石世奇先生讲授研究生课程"中国古代经济思想史",当时只有我一个学生,先生也认真备课,一丝不苟。石先生上课语气和缓,循循善诱,沉静温润,如春风化雨。对学生的疑问,先生总是不厌其烦地讲解。对学生的"新鲜见解"先生会欣喜地鼓励。我在学习中曾作一小文,以边际价值思想探讨墨子的财富观,先生批阅后认为有一定新意,推荐给《江淮论坛》编辑孙树霖先生予以发表。

石世奇先生常常教导说,做学问要用工夫,在大量占有资料的基础上,用科学严谨的治学方法,独立思考,"持之有故,言之成理",经得起时间检验。石先生曾给博士生开设"中国古代经济思想史文献"课程。我有幸修此课程,在先生的严格要求和指导下浏览了许多重要文献。其中虽然辛苦,有许多难解、似懂非懂之处,却有许多收获,特别是增加了我对中国文化的浓厚兴趣,至今受益。记得常常有人起应景之作,说要赶快发表,否则就过时了,先生对此类文章是极不支持的,说既然很快就过时了,那说明没有发表价值,何必发表呢。记得在中国经济思想史研究领域,曾有不少研究者以现代西方经济学为参照,进行比较研究,这是有其一定的理论意义的。但有人往往不得要领,进行简单的比附,以中国古代有或没有某种经济观点为捷径,得出肤浅的看法。特别是对于有人轻率断言中国古代没有某某经济观点的情况,先生从逻辑方法上批评说,用例举法讲"有"易,讲"无"难。因为讲"有"举一例即可,讲"无"须穷尽所有资料、遍检所有文献后方能下论断。的确,中国经济思想史文献汗牛充栋,不经一番辛苦钻研,是难以得出有价值的成果的。

在赵靖先生和石世奇先生的严格指导下,我曾有幸参与了《中国经济思想通史》中"蓝鼎元"一章的写作和第三、四两卷的编辑出版工作。这是我很引以为豪的事。我当时任职于北京大学出版社,并在职攻读博士学位。期间我与石世奇先生和赵靖先生有频繁的接触,除了上博士课程之外,也会讨论稿件和工作事宜,从中得到了训练,对先生们治学的谨严与认真精神有深切的体会,学习了很多宝贵的治学与做人的知识和道理。然而对于先生们的很多教诲当时并不能完全领会,未能在学术和做人方面有大的进境。无论如何,久在先生们身边,耳濡目染,潜移默化,使得我在后来的岁月中不时仍会反思,或有所开悟。这想来自然是离不开先生们往日的教导之功了。

二、厚爱学生

石世奇先生对学生在学术上严格要求,时时提携,在生活上悉心照顾,如家人一般。石世奇先生和黄爱华师母是1950年在北京市委政策研究室的同事,于1956年结婚。同年,石先生复学回到北大读书,黄师母考入北大图书馆系学习。在此后共同生活长达56年的岁月中,他们淡泊名利、患难与共,"经历了北大的风风雨雨,反右运动、红专辩论、学术批判、教育革命、下厂下乡、三年困难时期、四清运动、北大社教、国际饭店会议,一个运动接着一个运动"。

北大中国经济思想史专业的学生有一个传统,每年12月底都会一道去给先生们拜年。当时赵靖先生家和石世奇先生家都在中关园(42楼和48楼)。我当年住在中关园3公寓,和先生们家步行只三五分钟的距离。拜年时日,有些同门学友如魏众、邵明朝、杨云、朱永、吕行建、黄晓龙、李晶、陈炜哲、魏岩萌、陈健、尚妍等有时会先到我处集合,然后一起前往先生们家。赵靖先生梅莹师母、石世奇先生黄爱华师母往往早早就准备好点心、水果、饮品诸物等候着了。相聚时大家相互嘘寒问暖,畅谈工作的成绩与困难、生活的快乐与困惑,先生和师母们关爱后学晚辈,给大家祝贺、鼓励、种种建议和实际的支持。其温暖亲切的氛围,至今令人向往。

1996年,我儿子出生,石世奇先生和赵靖先生都前来祝贺。赵靖先生当时已74岁高龄,亲手提了一大篮子鸡蛋步行来的。我母亲当时见了也大为感动,说这么好的老师,你以后可千万不能忘了啊。石世奇先生当时也已年过花甲,提着一个很大的玩具步行来到我家。这是从国外买的新颖的益智玩具,有多种形状各异、色彩鲜艳的小组件,可以架放在床上让小孩躺着玩耍。

记得我曾数次受石先生和黄师母招待在先生家里用餐。至今仍然记得先生的外孙女小米当时大约三四岁,胖乎乎、齐耳短发,可爱地坐在餐桌一角的样子。还有,记得我第一次喝咖啡是在石世奇先生家……这些点点滴滴美好的往事,如今已成为甜蜜的回忆。

三、成一家之言

石世奇先生从青少年时代就受到了国学的熏陶,广泛接触《论语》《孟子》《史记》《资治通鉴》等经典文献,并阅读了梁启超的《清代学术概论》《中国历史研究法》等书,对中国历史文化有浓厚的兴趣。1950年,石世奇先生考入北大经济系后,心里仍然有转到历史系的打算。1961—1964年,石世奇先生有三年时间参加了教育部文科教材办公室组织的、赵靖先生主编的《中国近代经济思想史》的编写工作,终于遂愿,走上了经济学与历史学相结合的中国经济思想史的教学和研究之路。在接近半个世纪的艰苦开拓的学术生涯中,石世奇先生取得了卓越的成果。除了在《北京大学学报》《经济科学》《经济研究》《人民日报》等报刊发表文章数十篇外,石世奇先生还参加了《中国近代经济思想史》《中国经济思想通史》《中国经济思想通史续集》《中国经济管理思想通史》《中国古代经济思想史教程》《中国近代民族实业家的经营管理思想》等重要著作的撰写或主编工作。

众所周知,北大中国经济思想史研究在学术界一直处于领先地位。北大中国经济思想史研究梯队,经过数十年的艰苦开拓,取得了丰硕成果,以"土地—地租、赋役"为研究模式,"通古今之变,成一家之言"。这是以赵靖先生为首的大批研究人员的长期勤苦探索的结果,其中石世奇先生是有大功的。石世奇先生有关中国经济思想史的部分论文收于《中国传统经济思想研究》(2005年北京大学出版社出版)。我时常从密西根大学图书馆中借阅,温故知新,可以从中领略石世奇先生广博的研究兴趣和深厚的学术功底。

石先生对《盐铁论》和中国古代治生之学有特别深入的研究,曾有相关专文发表。我记得石先生也在课堂上讲过《盐铁论》,说其中包含丰富的关于政府管理经济的放任与干预思想,值得深入研究。故而我曾计划拓展开来,以中国古代政府经济职能思想为博士论文题目,得到了石先生的赞许,并于

1999年通过了开题报告。2000年,我们全家游访海外,本打算不久即回,以完成学业。怎奈世事难料,人生漂萍,竟然一去就是十几年。刚到美国后,由于环境大变,生活工作有各种没有预料到的情况,遇到了诸多不适与困难,加上志向不坚,导致学业荒废不堪。对此,石先生在来信中给予了理解,说:"我想你到了美国,首先是如何适应那里的生活,至于论文,那是在那里站住了之后,再考虑的事。"石先生之所以能有如此的仁厚胸怀是与他的学识分不开的。在对于中国古代治生之学的研讨中,石先生谈论过许衡"儒者以治生为先"的观点,以及王阳明的关于治生"亦是讲学中事"的看法。北大中国经济思想史专业的学生有许多在毕业后改行,石先生都是理解和支持的。

四、功于系科建设

中国传统文化中儒家强调经世致用,其中明代王阳明更提出知行合一,反对迂腐空谈。石世奇先生自己在教学与行政管理工作中也主张学以致用,以重基础、宽口径为原则培养适应面广的经济学科人才,对北大经济学科建设有极大贡献。2011年,石世奇先生曾在《两进北大经济系》一文中简要回顾了北大经济系自1977年以后的发展建设所取得的令人欣慰的成就:"我于1977年6月从下放劳动处调回经济系……二十多年来,北大经济系发生了很大的变化,经济学科获得了极大的发展。二十多年前人口研究室独立,发展成人口研究所;1985年成立了经济学院;十二年前经济学院的经济管理系独立,成立管理学院。这就是现在的光华管理学院。十一年前留学归来的经济系毕业生林毅夫、易纲、海闻等同志,又在北大成立了中国经济研究中心。北大经济学科的发展,令我这个与北大经济学科有55年关系、又在北大经济系、经济学院先后主持了十几年工作的北大人,深感欣慰。"

石先生是有理由自豪和欣慰的,因为北大经济学科这二十多年的大发展是与石先生在其中的主持、领导和参与分不开的。石先生在1977—1993年间,先后任经济系党总支书记,经济学院副院长、院长,是对经济学科建设与发展有重要影响的决策者之一。如果没有石先生的领导与支持,在经济系基础之上,经济学院、管理学院、经济中心等众多经济科研教学机构的成立是难以想象的。从中也可以看出石先生的胸怀和远见。

记得1992—1993年，石先生时任经济学院院长，在他主持下，"开风气先"，邀请了一批海外经济学者到北大讲课。我当时读研，宏观经济学是当时在美国福特路易斯学院商学院经济系任教的海闻老师讲授的。由于课程难度较大，考试之后心里不踏实，就在海闻老师回美国当天，前去打探成绩。到了海闻老师住处，竟然发现石先生也在，身为院长的他是"礼贤下士"亲自赶来为海闻老师送行的。海闻老师当时幽默地说："放心，你们的成绩都低不了，因为我要在飞机上改卷子！"这件小事彰显出石先生对经济学科的建设是倾注了大量心血的。所以，石先生可以在2011年经济学院院庆时信心满怀地著文说："我校经济学科当然会在此形势下，不断增强实力，提高水平，扩大影响，形成自己的独特风格，成为世界上最好的，对经济学发展有重要影响的经济系科之一。"

石先生的眼光是远大的，他立足北大，放眼未来，在《中国经济学说辉煌的过去与灿烂的未来》一文中说："由于我国的经济改革以及经济发展为经济学的研究提供了一个独特的实验场所，我国具有经济学蓬勃发展的条件。……中国经济学将有一个灿烂的未来。"这在我看来，也是对中国经济思想史学科提出了新的课题。正如赵靖先生在《中国经济思想通史续集》序言中对《中国经济思想通史再续》展望的一样，这是石世奇先生对本专业后学继续开拓写出新续篇的厚望。共勉！

谨以此文纪念我心中的阳明——石世奇先生！

2013年3月26日于安娜堡（Ann Arbor）

山高水长忆吾师

□ 黄晓龙[*]

第一次见到石世奇先生,大约是在1994年的4月间,在逸夫楼教研室参加研究生面试。之前早慕先生之名,读了他和赵靖先生的著作和文章,尤其是一本提纲挈领的《中国经济管理思想史教程》,上下几千年,朗朗道来,纵横交错却从容有序,感慨之处让人击节,不由得钦佩不已。初次见石先生的印象,正襟危坐,不言而威,有古士人之风。先生说话铿锵悦耳,抑扬顿挫,威严中透出亲切。面试中石先生一连问了几个问题,回过头细想,虽然问题不多,也不难回答,但能从答问中考察出基础知识和研究的潜力,可见石先生当时是做了认真的准备。当时的我,则想好好表现一番,恨不得把自己读的赵先生、石先生的几本书的观点都陈述一番,滔滔不绝,感慨处还夹叙夹议,全然不觉得是在班门弄斧。石先生听得却很认真,没有一点不耐烦的意思,有些地方颔首点头,临了还说了一些指导和期许嘉勉的话。很多年后,想起这个场景,还是感念不已。

1994—1995年,石先生给我们讲授了一年的"中国古代经济思想史",小班教学,学生是同一届的三个研究生,吕行健、李晶和我。这一年的收获非常大,等于手把手为我们打开了一个知识的宝库。尤其得逢在这个领域深有造诣的石先生亲临讲授,何其幸也。每周二逸夫楼的会议室,阳光从南面的大玻璃窗洒进来,石先生一杯清茶,给我们娓娓道来,每到发人深省之处,振聋发聩,使我们徜徉在打开天窗的愉快感受中。

---

[*] 黄晓龙,中国人民银行金融稳定局副局长。

石先生备课非常认真,有详细的规划,包括需要阅读的文献和参考资料,都会做认真的指定和布置,会具体到谁的哪篇文章,哪篇文献的多少页。对我们的学习考察也很严格,课上一答问,布置的阅读文献是否看了,看的质量如何,先生了然于胸。那时候经济学院风起云涌,中国经济研究中心刚成立,大家都选了林毅夫、易纲、张维迎、周其仁、张帆等刚回来的教授开的课,又恰逢庆祝建院十周年,学术论坛、名家讲座不少,因此总觉得时间不够用。读古文献尤其需要时间,因为查证、思考问题需要大量功夫。每逢我们的学习准备工作不尽如人意,先生并没有责怪我们,而是在讲授中更多地给我们展开。石先生治学非常严谨,对学生功课、学业要求非常严格,虽然我们时时能感受到他对我们学业的要求,对我们的鼓励和鞭策,但回过头来认真一想,石先生真的没有严词责令过我们这些有时不够勤勉的学生,哪怕只是一次。

石先生对中国历史专研极深,引用文献信手拈来,直至今日,石先生讲授的很多情景,还难以忘记。他讲孔子的"义利观""富而可求也,虽执鞭之士,吾亦为之";讲司马迁的"善因论""天下熙熙,皆为利来,天下攘攘,皆为利往""故善者因之,其次利道之,其次教诲之,其次整齐之,最下者与之争";讲管子的"仓廪实而知礼节,衣食足而知荣辱"……。对中国历史上这些思想的梳理,对求学时期的我,都有很大的触动和启发。后来我进一步了解到,正是深感近代以来,包括很多知名的学者一面向西,而将自身几千年的文化和思想撒于一地,赵靖、石世奇先生决心穷数十年之心力,系统整理中国上下几千年的经济思想,写成通古贯今的《中国经济思想通史》,功莫大焉。

对于我自己,何其幸焉。学生时代,我和许许多多的年轻人一样,追逐经济增长的秘方,遍览近代以来西方的文献丛书。蓦然回首,却发现了解中国经济和社会的钥匙,正静静地躺在中国历史文化的中央。学习和研究经济社会政策,如若不好好研究中国自身的历史和思想史,就有顾此失彼之感。在讲授的过程中,石先生不止一次提及中西文化思想的比较。仅就我自身的收获和感受,例举一二。

文明的阶段。石先生在讲课中曾提及一个有趣的话题,即文明的阶段。他讲到,奴隶社会,古代罗马、埃及等比较发达;封建社会,古代中国可以说是最完善的,站在了当时世界的中央;到了近代,随着资本主义生产方式的产生,西方兴起了。从文明发展的历史来看,文明是在交替发展和前进,看来这是一个规律。石先生说,任何文化的产生和发展都有约束和客观的条件,中华文明如能扬长避短,定有创新和超越的机会。他还例举了中华文化的传统与很多东西方文明不同的特点。例如,统一和崇尚集体在农耕文化中占有优势。这一点给我留下了很深的印象。因为之前读道格拉斯·诺斯《西方世界的兴起》时,我几乎感觉中国失去的不仅是近代的历史,还失去了整个文明的历史。

义利观。石先生讲课中花了大量的时间讲这个问题,其几乎贯穿了中国古代的历史,引人入胜,以至于后来的毕业论文,我就选了这个题目。我的感受是,"义利"问题不是一个抽象的概念,实际上是一种经济伦理,不同时期有不同的含义。例如孔子时代和董仲舒以后的时代就不一样。在"普天之下,莫非王土"的时代,讲"义"就是舍天下之利而成君王一人之利。因而,尤其是在今天,不能片面的讲"舍利取义",孔子说的"富与贵,人之所欲也,不以其道得之,不处也;贫与贱,人之所恶也,不以其道得之,不去也",就与统一王朝建立后,董仲舒提出的"正其谊不谋其利,明其道不计其功"有很大不同。这些在普通哲学书上是读不出来的,却对建设新时期的价值观和经济伦理,有着十分重要的意义。写毕业论文的时候,由于想论证的东西太多,难免大而不当,石先生却相当宽容,鼓励在学术上有创新和有不同的观点,只要言之有理,也不必求全责备。

富国与富民。读赵靖、石世奇先生著述的《中国经济思想通史》,简直可以看到,只要穷征暴敛,必然民穷国破,而只要放开管制,必然民富国强。汉代的文景之治、唐朝的贞观之治,莫不如此。认真读读当时的经济思想史,包括有名的《盐铁论》,感触就清楚了。封建时代所谓的国强,主要强调的是财政充裕,君王对地方和百姓的控制加强。因此可以理解,为什么放松管制那么一针见效却往往难以做到。这与今天不是一回事情。

我学习中国经济思想史,前后只有三年时间。三年中不算非常用功,大量时间还用在了其他方面。非常感谢石先生,还包括赵靖先生、陈为民老师、郑学益老师,把我引进这个知识的大门,了解和学习中国自身的经济思想、文化和历史。在中西经济思想的对比中,我更多地了解和感受到了中国现今经济和社会变革的使命和方向。

离开学校后,我们几乎每年都要相约看望石先生,他每次都兴致很高,详细询问我们每个人的工作和学习近况,关心没来的同学的状况,对我们鼓励有加。石先生对己十分严谨,对人却十分宽容和随和,对学生关心、关爱有加。学生的联系方式,他亲自做整理、更新。2005年,他出版了《中国传统经济思想研究》的文集,还十分谦逊地在扉页上专门题上"请某某同志指正",这本文集现在成了我们的珍藏。每次相聚,他都要招呼我们照个合影,给每人冲洗一张照片,亲自寄送或交付给每个人。石先生在西苑医院住院的时候,身体状况已经不是很好,但是见到我们,还是很高兴,一个个嘘寒问暖。当学生们靠在病床前和他合影时,他还叮嘱照片洗出后寄一张让他留念。

石先生和几位老师穷毕生精力,心无旁骛,不计声名,致力于中国经济思想的整理和研究,为中国经济思想的研究树立了一块丰碑。先生之风,江水泱泱,其润物细无声,其泽被厚绵长。虽然离开学校已经多年,但因为有我们想念和记挂的师长,总觉得还未毕业,经常可以回去叙谈,工作中、学习上有疑惑的地方,还可以回去请教。现在石先生虽然离开了,他的学问、人品却留在了年轻一代的心田,激励我们勤勉努力,探索知识和真理,永远向前,做好每一份工作。

2013年4月6日

学高为世人师表　德厚是当今楷模

——纪念我的老师石世奇先生

□ 朱　永[*]

石世奇先生和夫人黄爱华先生已离开我们近一年了,其音容笑貌犹在。每回路过蓝旗营小区,石先生住过的地方,我都不由自主地放轻脚步,想着石先生端坐在沙发上,左边整齐地堆放着由地顶天花板的书籍,向围坐在他身边的中国经济思想史专业的师兄弟们娓娓道来,黄爱华先生也坐在不远的地方,微笑地望着我们这些弟子们。

石世奇先生生前是我国知名经济学家,曾担任中国经济思想史学会代会长,他作为副主编与赵靖先生一道,编写了《中国经济思想通史》及其《续集》,这是中国经济思想史领域的里程碑式的著作。石世奇先生长期主持经济系的工作,1977年"文化大革命"结束后,即担任经济系领导小组组长、总支书记,与陈岱孙、胡代光等先生一起领导北京大学经济学院(系)的工作,还担任北京大学经济学院建院后的第二任院长。石世奇先生在教学、学术等方面的成就不多赘述,我就仅记下与石先生相处的点点滴滴。

我是1997年考入北京大学经济学院,跟石老师读博士研究生的,应是石世奇老师独自培养的第二个博士生。记得考博士前,我请泗州紫阳堂朱熹之后的同宗族人、时任光华管理学院教授的朱善利帮我推荐导师,朱善利教授提到了中国经济思想史研究方向的石世奇先生,他对石先生的人品学问推崇

---

[*] 朱永,中国投资有限责任公司监办/内审部监事会工作组组长,兼中国再保险集团股份有限公司监事。

备至。当时我对农村金融抱有浓厚兴趣,平时虽喜好史书,但深感所知仅为皮毛,若以此为将来的博士研究方向还是感到忐忑不安。怀着惴惴不安的心情拜访石先生后,没有想到得到了石先生的热情鼓励,并被先生的风骨和气度所折服,心想困难再大也要争取考上。后来经历了不少波折,最终和我的妻子刘晓玲一同考上北京大学。说来也巧,刘晓玲的导师是北京大学生命科学学院的翟中和院士,石老师说过他家和翟中和院士一家是"通家之好":他们年轻时曾同住一套房内,夫妇俩同在北大任教,一样有年纪相当的两个女儿,她们也都很要好。记得石先生对我和妻子同考入北大后的生活很关心,让我们把结婚证等材料提供给他,使我们得以申请北大的"夫妻房",也就是学校为同为博士研究生的夫妻提供的宿舍,此举我们觉得很人性化。记得当时大约有10家左右同为博士生的夫妻住在北大南门25楼的一层,此楼也为女博士楼,住的全部是在读的女博士们,以及我们这些博士夫妇。多年后,我还被同学们戏称一直住在女生宿舍的人。可惜的是,此楼已拆除了,当年懵懂年少的我人也非了,没想到物也没了。

  人们常说,相由心生。我想,石先生卓尔不群的气度,是他非同寻常的阅历与历练形成的。石先生出生世家,早年在天津南开中学读高中时就加入中国共产党。1950年,考入北京大学经济系,入学不久于1951年被抽调到北京市委政策研究室工作,当时的直接领导是后来担任全国人大常委会副委员长的王汉斌同志。出于对北大的眷念又于1956年重返北大,毕业后留校,从此之后再也没有离开。改革开放后有机会出任省部级高官,石先生推辞未能就任,这是世俗的眼光很难理解的,毕竟"学而优则仕"一直占据人们价值判断的主流。记得有一次在石先生家谈起他两进北大、文化下放等往事,我曾问及他当时的选择,石先生笑而回答,他两进北大,对北大有很深厚的感情,觉得北大教书适合他;另一方面,他自认为更适合做学问,而不是做官。记得当时的原话就是:"做官要当说什么就说什么,而我是想说什么就说什么。"时隔多年,我毕业在政府工作后才深刻体会到这句话的分量,也深感石先生的淡泊名利和睿智选择。

  经济学是当今显学,北京大学经济学院(系)又是经济学界的翘楚,学子们梦寐以求的殿堂,她有着近百年的历史,每年都能招收到不少省(市)状元。

石先生专注于经济学教育事业,在长期主持北大经济学院(系)工作的过程中,逐渐形成了"宽口径、厚基础"的办学理念。记得我刚进入北大,石先生就很严肃地告诉我,"你以前学金融的,很好!除了中国经济思想史专业课外,其他经济学的课程一定要好好钻研,多选几门课听听,将来不管做什么工作,都能很好地适应。"听了石先生的话,我依据自己的兴趣,额外旁听了几门金融课程。博士毕业后,我从事的是金融审计工作,这是我当时没有想到的。到审计署金融司工作后,依据以前金融方面的知识积累和自己的努力,很快就能胜任金融审计工作的需要,并逐步成为金融司的业务骨干,做到游刃有余。回想学习中国经济思想史的师兄弟们,真正能从事专业研究的,十无其一,大都从事与专业不是很密切的工作,在各个领域取得了成绩,这与石先生一直提倡并践行的"宽口径、厚基础"的理念是分不开的。

选修中国经济思想史专业课的学生很少,经常只有几人上课,记得石先生开的一门课程,仅有两三个学生。但每次上课,石先生都是认真准备,我们听课的学生也丝毫不敢大意。我的古文底子薄,有时答非所问,想起来还很汗颜。记得有次石先生上课提问我,问"治大国若烹小鲜"的含义,我想当然地回答,是形容治理国家像烹制鱼一样很容易。石先生从此句话,谈到了老子清静无为的思想,再引申到当今政策的意义……我在下面听着,真是如饮醍醐!作为"四清""文化大革命"的经历者,石先生对此句理解要更为深刻:治国要谨慎,不能操之过急。博士论文选题时,石先生认为古代典籍经济思想挖掘比较充分,可以考虑近代的一些经济问题,我又对农村金融比较熟悉,可以考虑近代的合作经济思想。经请教赵靖先生,赵靖先生当即同意,认为抓住了近现代经济生活的主线,可以对中国农村高利贷问题进行深入研究。在石先生和赵靖先生的精心指导下,我的博士论文进展得很顺利,我也得以顺利毕业。可怎奈自己才疏学浅,终未成"一家之言",有愧于两位师长了。

毕业离开燕园后,我回北大的次数少了,但每逢金秋季节的教师节,我们师兄弟们都要相约到石先生家里探望,每逢此刻,石先生总是兴致很高,关心我们的工作情况,让我们谈论自己的生活体会。我的妻子毕业后远赴荷兰癌症研究所工作,每次回国探亲,我们都要到蓝旗营看看石先生和黄先生。时间久了,石先生的家人也就慢慢熟悉,我们也看到石先生疼爱的外孙小米、小麦由儿童长成了少年。两位先生年事已高，尤其石先生肺气肿日趋严重，需要定时吸氧，我们一般不敢过多打扰，时间总不超过半小时。记得 2006 年秋天，我们去看望石先生时，先生非常高兴，说道等我妻子刘晓玲回国，要家宴款待。2008 年年底，我的妻子结束了在荷兰的工作，获聘清华大学生命科学学院。我们探望时看到石先生肺气肿已越加严重，需要一边吸氧一边与我们交谈，黄先生也饱受病痛折磨，身体愈加虚弱，我们心里真是难受。2010 年初春的某天，我突然接到石先生的电话，说周末在家设宴款待我们，问我们有没有时间。原来几年前的承诺石先生一直没有放下。想我们这些后辈们何德何能，被石先生如此看重！我们考虑再三，带着小儿其晟隆重赴石先生的家宴。席间菜品已无印象，唯余温情和感动流淌心间。

　　2011 年国庆节前后，听张劲涛师姐说，石先生和黄先生已在西苑医院住院了，我们师兄弟们十几人不约而同前往医院探望，在西苑医院 ICU 病房里，我们见到了石先生和黄先生。等到 2012 年年初，我与妻子刘晓玲到医院探望时，看到石先生尚好，后听说先生于病榻之上仍关心经济学院的未来发展。黄先生已经身插鼻饲，目不能视、口不能言，好在神志清醒。石先生的女婿，清华大学龙桂鲁教授递给我们纸板和笔，我们手持纸板，扶着黄先生持笔在纸板上写划，通过笔顺，我们依稀可以看出黄先生想告诉我们的话，其中有句"望阿丹(小儿其晟小名)好好成长，将来救济社会"，让我们感慨良久。病榻之上不忘经济学院发展，羸弱之躯仍关注后辈成长，这就是石先生夫妇的精神境界。

　　2012 年 4 月 5 日，清明节。劲涛师姐来电话，约我们赶紧去北医三院看望石先生。我觉得清明节探视病人不详，想等到两天后的周六去看望，没有想到石先生竟于次日永远地离开了我们。八宝山送别石先生后，想起先生的往事，久久不能释怀，谨作一副挽联，恭送石先生：

　　　　初出津门，经国济世，学高是世人师表；
　　　　两入燕园，伟岸清奇，德厚为当今楷模。

2013 年 4 月 6 日

一支不老的歌
——悼恩师石世奇

□ 刘群艺[*]

因为恩师住院,所以不敢接老师女儿的电话。中午,电话铃又悠悠响起,得到的是恩师永逝的噩耗。我本不怎么会写感怀文章,但恩师离世却让我不能不写一些文字来纪念他老人家,正像王曙光学长在一封邮件中提起的:"先生们渐渐老去,我们手里的笔责任重大。"

得到消息后,百感交集,但却不知从何处着手。下午的会议、杂务,冲淡了一些哀思,但更加不能让人平静。会后,百年院庆排练,院里老师们在多功能厅排练《青春之歌》,旋律悠扬,文字有力,其中的主旋律让人过耳不忘:"青春,是一支不老的歌;青春,是一团不灭的火。"在暖暖的春阳下,各位老师意气风发,这又是怎样的一首青春之歌!

在很多人的眼中,恩师仙风道骨,刚正不阿,这也是我对他的最初印象。从师的时间渐渐久了,我感受到的还有恩师对于学问的执着,对于晚学的提携与爱护,对于人生的感悟。恩师已年过八十,但每次见到他,甚至在病榻上,给我的仍然是如同春风化雨的感染力,这又是怎样的一支不老的歌!

听到过恩师提起在天津崇化学会学习中国古典文化的经历。在《两进北大经济系》的文章中,恩师写道:"在读初中的同时,我每天下午到一个教授国学的崇化学会听两个小时的课。在这里我不仅接触了《论语》《孟子》,也接触了《史记》《资治通鉴》,并阅读了梁启超的《清代学术概论》《中国历史研究法》

---

[*] 刘群艺,北京大学经济学院副教授。

等书。因此,对中国历史产生了兴趣。"恩师没有写的,还有他在听课来往途中,对几家旧书店的光顾,例如天津鼓楼东大街的宝林堂和文运堂。书店老板看到当时还年纪不大的恩师,总是多有照顾。恩师也屡有收获,例如淘到蔡美彪祖家里的《昭明文选》这样的诗文总集。说到这些与历史有关的书籍,恩师总会如数家珍,滔滔不绝,得意处也每每露出如孩童般的纯净表情。心性至真,无所不可。

也正是对历史的这份热爱,当听到我与历史学系的老师结为连理的消息后,恩师也非常高兴,并对我的先生也多有提携。在西苑医院住院期间,我的先生送自己刚出的《史学概论》请恩师指教。没想到一周不到,恩师就叫我与先生去病房,就从书名、可读性、辅助学科的说法、中国史概论、史学理论、地方志与人口的关系等提出了诸多一针见血的意见,让我的先生也深受启发,并感动不已。

说到对人生的感悟,恩师从没有对我言语开导,但一言一行,尽在其中。恩师非常注意自己的仪表。每次见到他,都是穿着有道,不愠不火。在最后的病榻上,虽然行动已经多有不便,但恩师也把病衣整理得稳稳妥妥,没有一丝拖沓。每次到恩师家中,恩师一迎一送也是多有原则,只要我先生去,必定送至门口。如果有外人来,则送至电梯口。后来,因为肺病加重,无法多走,但客人离开时,也一定要起身,摘下氧气管,告别送行。在最后的日子里,恩师叫我一个个地联络旧时学生或专业学友,与他们一一告别,感人至深。

恩师对中国经济思想史专业的贡献,是我等后学不能妄加评判的;恩师至真至纯的人生理念,也是我们无法望其项背的。永记心中的,是恩师那抑扬顿挫的谈吐,是一丝不苟的风范,是如同春阳般的细腻与温和,那是一支我心中永远不老的歌!

2012 年 4 月 6 日于燕园

缅怀石世奇先生

□ 周呈奇[*]

虽然石世奇老师已经于2012年4月6日永远离开了我们,但直到现在我闭起眼睛,仍能清晰地记得石老师在中关园与我初次见面的那一刻。十余年前的12月末,我经由北京大学芍园的台湾留学生学长介绍而与石老师见面认识。由于我在台湾东吴大学本科时代的主修是文学与经济学两个专业,对人文学科有着特别的喜爱,而我在1997年去英国伯明翰大学经济学系学习的时候,也是希望在英国自己的英文能更上一层楼,能够学习英语系国家真正的人文学科(经济思想史或其他重要的人文学科),所以,我在英国的硕士专业选择的是国际经济学,博士专业选择的是经济思想史。然而无奈的是,当时的台湾又兴起了一轮泡沫经济,在我刚入英国博士班一年级的时候,我的父亲却因炒股负上了数百万元人民币的欠债。我知道我这一生已经无缘在英语系国家里取得一个有意义的人文学科的博士学位了。通过网络,我得知北京大学还有招收中国经济思想史专业的学生。一得到这个重要的信息,我立刻买了机票到北京询问,于是就第一次见到了石老师。可惜后来石老师因罹患肺气肿多年而不再招生,我最终没能成为石老师门下的弟子。但是石老师却对我承诺过,以后不管我是不是在他门下,他都会视若己出地把我当成他自己门下的弟子来指导。

关于这一点,石老师当时讲的真的不是客套话,在往后的岁月中,他真的是做到了。2007年,我出版了第一本书,是由国务院台办隶属的九州出版社

---

[*] 周呈奇,南开大学经济学院副教授。

出版的《战后台湾经济增长思想研究》。由于石老师曾经担任过北京大学经济学院的院长,亲身与许多对台湾财经政策有过重要影响力的学者与官员打过交道,所以我很希望能通过石老师帮我写序的方式,更大程度地将这些在战后台湾经济增长过程中居功厥伟的财经官员学者的第一手看法介绍给国内学术界。石老师当时亲口对我说,他已经有逾十年未曾给学生的专著写过序了,但他最后还是答应破例为我的《战后台湾经济增长思想研究》写序。为此,石老师再次仔细阅读了我在博士论文基础上扩展而成的书稿,并在书稿出版前发现了一些错误,指出了我在引用《孟子·梁惠王上》的"数罟不入洿池,鱼鳖不可胜食也;斧斤以时入山林,材木不可胜用也"时出现了错别字,在第 175 页将台湾经济发展研究中"心"误写为"兴",还有第 220 页"当局仍于 2001 年 10 月宣布'核四'停工",时间似应是 2000 年。由于当时石老师没有我天津的地址,所以他就直接将这三处错误通过信件直接寄到南开大学经济学院给我了。刚接到信的时候,我还吓了一跳,从北京大学毕业后,还有谁会寄信给我呢？拆开信件后才知道是石老师寄的,想想当时石老师已年过 75,还在为着我的专著出版而上心,而且还用电脑一个字、一个字地敲打出这些信息,直到现在我想到这些是石老师为我做的,我还是很激动、很感动！这封信我一定会一辈子珍藏起来,作为石老师与我师生情感的一段见证！事实上,我到南开大学工作第一年回北京看望石老师的时候,曾问过石老师可不可以对其他人说我是石老师的学生,石老师也欣然应允了。

与跟赵先生相遇的情形不一样的是,虽然石老师已经不再招收博士弟子,但我还是很荣幸地能在 2001 年第一学期听到石老师亲自上课讲授孔子的学术思想。如果我没记错的话这应该是石老师在北京大学校园内最后一次对学生亲自讲授孔子的经济思想。与我对赵先生的回忆不一样的是,尽管我熟读了赵先生两册 800 多页的《中国经济思想史述要》,却遗憾地一次机会也没有听过赵先生亲自上课。在北京大学学习的时候,除了聆听石老师亲自讲授孔子的经济思想外,其余能见到石老师的时候就是逢年过节前去拜望,还有论文写作答辩的时候。从 2000 年石老师还住在北京大学中关园时,到 2011 年 9 月石老师搬到蓝旗营居住的 12 年里,我没有一年未到石老师家拜访。印象最深的是石老师的记忆力特别的好,有很多小细节一般人过了 70

岁是没有办法像石老师这般记得那么清楚的。2005年,我到南开大学工作,临行前我到蓝旗营石老师家里向他辞行,那时我与石老师提到我最早到石老师家里的时候,石老师还住在中关园。没想到石老师居然还能够清楚地告诉我,2000年那时去石老师家里的有多少学生,现在他们分别在哪里工作、家庭状况如何。在此之前我只知道石老师祖籍绍兴,在天津市出生长大,石老师与天津的其他渊源我完全不知道。那一天石老师很高兴地告诉我,他是天津南开中学毕业的校友,石老师边跟我说这件事情的时候,还往书柜找南开中学的一些相关资料。他告诉我其实南开中学、南开大学在中华人民共和国成立前都属于张伯苓创办的一系列学校,他翻开南开中学近代的校友录时,很高兴地说南开中学在近代培养出中国的两个总理,一个是周恩来,一个是温家宝,一边说着还一边从校友录里找出了温家宝总理是哪一届毕业的。最后,他还跟我说造成近代南开大学蓬勃发展的人物不仅有张伯苓还有严修,如果没有严修当年将位于天津市郊的南开洼地捐给南开大学,就没有近代南开大学在中国的发展。在跟石老师的交谈中,我也很想插上一两句话去询问南开大学在近当代中国的地位和影响,但是,我毕竟是第二次世界大战后土生土长于台湾的人,像石老师那辈人经历过的中国大陆特有的时代背景与问题,我真的是缺乏了解,并且一点发言权也没有,因而只能静静地听着石老师的话。不过,这毕竟是我到南开大学工作前了解到的第一手资料。

2011年教师节的时候,我和妻子冯杨相约王曙光、王丹莉夫妇还有颜敏去探望石老师和师母,不久后,石老师和师母便住院了。2012年2月初,我专程到北京大学厂桥医院的加护病房探望了石老师。去之前的几天,我便在心里头反复地想着几个问题:石老师年事已大、卧病在床,见到了石老师要说些什么呢?不久前黄师母已经去世,石老师的心情究竟如何呢?我到底要跟石老师谈学术问题还是拉家常呢?想到赵先生与石老师两人曾以马克思政治经济学理论为指导,带领着一批学者对跨越两千多年的中国经济思想史进行了整理、论述和品评,在中国形成了独树一帜、独具一格的中国经济思想史研究流派。因此,我去探望石老师的时候,带上了一束鲜花和一张A4的稿纸,稿纸上写着我近年内打算完成的研究题目,在探望石老师的短短数分钟时间里,除了探望慰问以外,我也向石老师说明了以后我想做的研究还是与中国经济思想史有关,我想用现代经济学的视野去思考晚清直至当代汉语世界的经济思潮。病重中的石老师虽然因为身体与心理的痛楚已不能讲话,但他还是对这问题感兴趣,他最后用眨眼睛和点头的方式向我表示了鼓励。看到石老师的病体,我知道这次很可能是这一生中最后一次求教于石老师了,心里不禁涌起无限的感伤和留恋。

回顾过去我与石老师相识的十二年间,我相信我可以自豪地跟别人说,石老师是当代最杰出的中国经济思想史学者之一,也是我一生求学过程中所见到的最重要、最令我敬重的师长之一。

2012 年 12 月 19 日

缅怀石老师

□ 冯　杨[*]

石世奇老师是我在北大求学时期最尊敬的老师之一,也是我从北大毕业之后还会时常怀念并想要专程回去拜望的老师之一。现在回想起来,二十几岁刚进北大的时候,我还是那么的懵懂无知,如果时光能够倒流,以我现在对世界和人生的体认,我一定会更为珍惜向石老师还有我尊敬的其他老师求教的岁月。第一次见石老师,是上石老师的课。石老师当时已年近七旬,我们这些学生后来才知道,那是他最后几次来学校亲自给学生讲授"中国经济思想史"的课程了。石老师身材清瘦峻拔,神色静穆,语气平缓,将他对孔子经济思想的理解缓缓道来。虽然我现在已经不大记得他所讲的具体内容了,但石老师讲课的那种肃穆悠远的气场、深邃严谨的思辨却深深地烙在了我的记忆之中。听石老师讲课仿佛是在进行着一种传统文化的洗礼仪式,作为学生的我不由得肃然起敬,这种感觉现在回想起来仿佛还在昨日。而且,直到如今我才蓦然地发现一个细节,那就是石老师每次来给我们上课时都是穿着正装,并且在授课的时候正襟危坐。以前我对此没有多想,觉得这就是石老师的风格。可后来对石老师有越来越多的了解之后,我才体会到石老师这样做也许还有另一层意味。石老师是一位热爱并执着于中国传统文化的学者,而在当今这个大转变的时代,传统文化却日渐被人们遗忘,徘徊在不知何去何从的边缘状态。我在写博士论文请教于石老师的时候,以及工作后回北京看望他与他谈话的过程中,都深深体会到石老师对传统文化的热爱,以及对传

---

[*] 冯杨,天津财经大学经济学院副教授。

统文化目前状态的失落感。我想,当石老师最后几次来学校给学生讲授中国传统经济思想的时候,他的心情一定是复杂的,当时作为学生的我们无从知晓他的具体心境。但我如今能依稀体味到的是,授课时穿着正装、正襟危坐的石老师,也许是在用一种庄严而默然的仪式向工作了几十年的北大讲坛告别,在这个耕耘了几十年的讲坛上,他最后做着向莘莘学子讲授和传播传统文化的努力。

我在博士论文写作和答辩前,曾经请教于石老师。石老师对学生论文的批阅非常细致严谨,不仅提出了关于论文整体写作方向的意见,而且还逐字逐句指出了论文中一些细微的错误。令我印象最深刻的是,当我论文中表现出来的部分观点与石老师原本的看法很不一致甚至相冲突时,石老师并没有简单地否定我或者试图改变我,而是再三思考并和我谈论之后,依然肯定和鼓励我的写作,同时也亲笔写出一些他个人的意见,希望我能参考。这一点很让我感动,石老师对待学生的这种谦逊包容的举动,不正是北大学术自由、兼容并包精神的体现吗?如今我也当了大学老师,我觉得回报石老师的最好做法,就是在指导学生的过程中把他的这种谦逊和包容传递下去。只可惜,在石老师生前,我没有说出我的这份心情,但我想石老师知道后应该会感到欣慰的。石老师退休后依然保持着大量的阅读,他的家就连客厅里也摆着好几个书架,里面除了有大量的与中国传统文化和经济思想史有关的书籍以外,还有一些学术性和思想性的杂志,这些杂志讨论着中国社会转型中出现的各种重大问题。石老师有时会直接指着杂志里的某篇文章,说出他的不同看法,并和我们一起讨论。每每回忆起这些情景,我都不胜感慨,在石老师那沉静严肃的外表下,其实不正澎湃着一颗对中华民族的未来和命运热切关怀的赤子之心吗?

在我的记忆里,石老师上课时不苟言笑,但他对学生却又十分温情。我很怀念在北京求学时逢年过节就和其他师兄师姐们一起去蓝旗营看望石老师的日子。一进石老师家门,就看到石老师和师母的脸上洋溢着发自内心的喜悦和微笑,他们早已提前准备好了各种糖果,满满地摆在客厅的桌子上。也许在石老师和师母的眼里,我们这些学生还是像孩子一样。而我们当然也一边叽叽喳喳地围着石老师说这说那,一边品尝着甜甜的糖果。我们在石老师家里还拍过好几张合照,如今抚摸着这些照片,看着石老师在照片里淡淡的微笑,我的心里不禁涌起无限怀念和些许伤感。到天津工作以后,我和先生周呈奇专程回北京看望过石老师几次。石老师常年受肺气肿的苦痛折磨,在最后几年里,他几乎都不怎么下楼走动了。但是每次打电话跟他约看望时间的时候,他都选择早上身体状况比较好的时候跟我们见面,他说在早上身体还比较利索、喘气比较平顺的那一小段时间里,可以好好跟我们说说话,聊一聊。而每次见到石老师的时候,我们丝毫看不出石老师在忍受着病痛的折磨,他依然那么身板挺直,面容清癯,他关心地询问我们的工作、生活情况,向我们谈起他曾经在天津成长、生活和学习的点滴,说到学术研究的某个话题,他还兴致勃勃地找出相关人物的照片或书籍给我们看。但是谈话时间稍长之后,石老师的体力就明显有些不支了,我们赶紧告辞,并祝石老师和师母保重身体,过段时间再来看望。我常常想象,当学生离开后,石老师是怎样忍受着病痛的折磨呢?可他在学生面前却依然坚强而矍铄地保持着以前给我们上课时的样子,这份对师道和生命尊严的维护,不由得让我们心中生起敬意。

记得 2011 年教师节前后,我和先生周呈奇约上了王曙光、王丹莉夫妇,还有颜敏一起去探望石老师。石老师那次显得十分高兴,还拿出了他以前亲手制作的篆刻给我们看。我们谈到,等到 2012 年,所有弟子都一起来给石老师庆祝 80 大寿,石老师却淡淡地笑着说恐怕等不到这一天了,他 10 月份就会和师母一起住院治疗了。未曾想一语成谶,石老师果真在不久后就住进了医院,并最终在 2012 年刚过 80 岁生日的时候在医院病逝,而那次竟然成了我和石老师最后一次见面……

从北大毕业后这几年,我敬爱的老师相继去世,他们的离去使我感到自己和北大之间的牵绊越来越少了。如今再回到北大校园,校园依旧,但最敬爱的老师都已不在了,不禁倍感失落。最近这两年,我时常思考生命的意义和死亡的问题。阅读《西藏生死之书》多少让我有些释然,生命就是生死共舞,无常律动。死亡是一段旅程的终点,也是另一段旅程的起点。活着就要执着地享受生命,在真心地付出之后,坦然面对死亡的来临,接着再进入下一段旅程。当石老师淡淡地微笑着预言自己等不到我们大家给他庆祝 80 大寿的时候,是不是已经洞穿了生命和死亡的本质,而心怀坦然了呢?如此,借助此文,我由衷地再向石老师敬上一礼,祝福石老师一路走好,在下一段旅程中更加自由挥洒、梦想成真!

2012 年 12 月 19 日

不能忘却的纪念

□ 郝继涛[*]

2012年4月10日,春寒未却,出差到湖北的我打开邮箱,看到石世奇老师6日辞世的噩耗,才发现这一天恰是送别的日子,不禁泪下。要出差的十几天前的一个下午,我骑车到位于厂桥的北大医院探望石老师,来到病房里,当时没人看护,石老师正安静地睡着,我默默地在他床头坐了一会,凝视着他那清癯的面容,即是与他的最后一面了。

与石老师相处的点点滴滴,绵长细密,总是杂乱无章地涌上心头。先生出生于1932年,1960年在北京大学毕业留校工作后,与敬爱的赵靖先生共同开创了北大的中国经济思想史学科,历任经济系、经济学院的领导,在学术界享受着弟子们崇高的敬意。但对我们来说,他是一位非常亲近的长者。我总是对这位身材清瘦、姿态平和的师长充满敬与爱,石老师正是这样一个人。有一次,我将他比作他的天津老乡,同样老瘦的马三立,他笑着否认了,但实际上是有些像的。石老师的瘦弱中透着一种淡泊和清高,使他在病中直至去世都依然头脑清醒、乐观豁达、幽默风趣。

2011年秋天,师母黄老师先是生病住到西苑医院,石老师不久也住到医院,两位老人开始还能相互探望一下,后来情况都不太好,就被隔离了。石老师心里一直清楚,但慢慢地活动范围越来越小,渐渐囿于病房内,开始几次去看他,还能坐在椅子上和大家聊天,后来不能下床,转到北大医院后已经不能说话了。2012年春节前几天去看望他,他的女婿以为我是师弟张秋雷,石老师就让他拿过来小黑板,微笑着在上面写道:郝继涛,你弄错了,刘群艺的师

---

[*] 郝继涛,中国中小企业协会专精特新促进中心主任。

弟。本以为那么清醒的老先生，能够在病床上等待大家一些时间，没有想到竟然这么快。想来那么和蔼可亲的石老师和师母定然携手慈祥地在天上照看着大家。

　　是的，石老师是每个人心目中慈祥的师长。石老师长年患哮喘，十多年来轻易不能下楼活动。北大中国经济思想史的学生数量不多，但非常亲爱。因此，每年教师节、春节，大家都相约在一个下午，先去暗旧朴素的赵靖先生家，再去看望石老师。石老师非常尊重赵先生，在赵先生面前自比学生，每每因为自己曾任领导职务，享受比赵先生大的房子和高的退休金而抱不平。大部分时候，都是石老师亲自开门迎接大家。而那场景每年几乎都是一样的，在煦暖的下午，大家围坐在石老师身边，温和的阳光从宽大的窗户外照进来，屋内一片其乐融融。石老师记忆力惊人，他不仅能记住每一个人的名字，而且还能记住学生家人的信息。我曾经告诉他自己孩子的情况，中间出国隔了几年，再见到时，他能准确地说出我孩子的年龄，该上几年级了。每次大家要走的时候，都会围着石老师，由师母或是他女儿给大家拍张照片。而他每次都会认真地将照片洗出来，确保送到每一位同学的手中。最后一年在家里接待大家，石老师需要依靠呼吸机了，他说话非常缓慢，这套程式依然不变，他依然愿意多和大家聊一会。他以这样的一种方式，将承载着他的思想和教导的小脑袋们的音容笑貌，印到他垂老并终将消逝的记忆中。石老师经常以安稳的语速给大家讲着那些久远的故事。比如，北大西门中国式特色的系列建筑；早先在南开中学读书时，看守宿舍的老人们还往学生们称呼先生、小姐；还有林毅夫、平新乔当年还是小伙子时候的故事。有次不知深浅的我，吐槽北大的校徽，三个人字组成的北大字样太简单了，倒是临校那个比较高大上。石老师说，那是鲁迅先生亲自篆出来的。这让我对校史分外崇敬了起来。

　　能够遇到石世奇老师，我是非常幸运的。我2000年进入北大读博，导师是郑学益老师，郑老师的导师是赵靖先生。我们这个学科的团结是其他学科难以比拟的，很多同学都非常羡慕，并喜欢跟着我们蹭课和活动。我这样一个最终没能在学术上继续走下去的不肖弟子，实际上是由学科中这三位北方代表人物共同指导的，回想起这一点，是我终身的惭愧和遗憾。赵靖先生定大的方向，我的论文从选题到断代（指研究的时间范围），都是赵先生拍板的。郑老师因行政事务繁忙，对我指导关键环节，保证我的研究不走偏。我每写完一部分,郑老师说可以了,就可以继续写,说不行,要么我需要自己想,要么就指给我一篇范文,直到写对了。实际上对我最为耐心的,反而是石老师。本专业的第一门课,就是石老师开的"中国古代经济思想史",我的第一篇论文,石老师非常认真地做了修改,用铅笔圈出来,专门打电话叫我到他家去,告诉我论文存在的问题。很不幸,当时自认为反正论文过了,就没有按照石老师的意见继续修改,后悔得不得了。毕业论文同样如此,一篇8万多字的论文,被石老师密密麻麻地用铅笔圈出了各种修改意见,这次我一一改正了过来。石老师就是这样的认真和严谨。师姐刘群艺是石老师的关门弟子,对我非常照顾,使我有亲姐姐的感觉。她因为有教学任务,写论文和答辩的时间比我还晚,当时她跟石老师商量:"我的文风可能像郝继涛的那样。"意思是有些洋洋洒洒,石老师直接说:"不行!"虽然不小心中枪,但我心里是非常敬佩和感激石老师的。后来部分内容发表到期刊上时,我确实检查出来了非常多的错误。石老师严谨的态度,也导致我后来对别人的错别字、硬伤也难以忍受。

那已经是石老师最后一次给学生们正式开一个学期的课了。我和师姐,以及秋雷、王亮、颜色等师弟,每次都快快乐乐地在老法学楼的教室等着,石老师总是一丝不苟地、准时从蓝旗营的家中走过来上课。虽然他身体不好,但也不会像有些教授那样,喜欢把学生集中到家里去,杂七杂八地侃。石老师语速平稳,娓娓道来,讲解深入浅出,时间也把握得非常准。既不会拖堂,也绝不会受杂事打扰中断讲课。石老师不会像有些名师那样把课讲得非常兴奋,他永远条分缕析地将他研究的精华部分讲得清楚明白。对我们的提问,也是引导启发式的,而不会卖弄刁钻的问题,然后掀开石板,下面藏着令人称奇的答案。2004年,我和聂志红师弟答辩的那次,是他最后一次参加学生论文答辩。他同样是一大早从家中赶来,因为身体不能撑太久,答辩后就回家休息了。他嘱咐我以后做研究,要尽量使用一手资料。石老师永远将学术严谨放在第一位。

石老师从入院到辞世,大约半年多时间,没有特别多的痛苦,将慈祥、清醒、严谨的形象永远留在了我们心间。

2015年9月11日

儒者仁师

——纪念北京大学经济学院石世奇教授

□ 张秋雷*

在我的印象里,石世奇教授是很特别的一个人。他既是一位著名学者,多年来潜心学术,著作等身,桃李满天下;同时又是一位出色的管理者,长期担任学院的党务和行政管理工作。如今,高校里同时从事这两方面工作的人并不少,而像石老师这样不仅结合得好,而又能泰然处之的却很鲜见。我想来想去,从石老师的课里我蓦然发现了他自己的影子,石老师本人恰如中国传统思想里的儒者,既能出世富有激情与理想、"传道、授业、解惑",又能入世"经世济民""理政治国"。在很多方面,石世奇老师给我的影响都是很大的。

石世奇教授:指导我学业的严谨学者

我接触石世奇老师,首先是从一门课开始的。2000年,石世奇老师正式退休,而我研究生入学,主修的是西方经济学专业,本来是无缘结识先生的。然而这年秋天,石老师继续"发挥余热"在经济学院开了一门课——"中国古代经济思想史",这是中国经济思想史专业最重要的一门专业必修课,硕士生和博士生共同上课。我出于对中国经济思想史专业的兴趣,选修了这门后来改变了我求学轨迹的课,两年以后我转换了专业,读了经济思想史的博士。

虽然是硕士生和博士生在一起上课,但总人数也不过六七个人。大家挤在逸夫壹楼的小教研室里,几乎是促膝而谈地进行学习和讨论。石老师从先

---

* 张秋雷,国务院国有资产监督管理委员会监督一局处长。

秦讲起,儒家、道家、法家,一个个讲得细致而生动。很显然,石老师对大量的文献资料烂熟于胸,讲解中旁征博引,所有资料都能信手拈来。同时,石老师将脉络梳理得非常清晰,便于大家理解和记忆。毕业多年以后,我有机会得到石老师完整的讲稿时还如获至宝,欢喜异常。

记忆深刻的还有那早晨8点钟的准时开讲,让我们在那一年痛苦地改掉了在大四形成的晚睡晚起的习惯。期末考试,记得最后一道开放式的论述题好像是占了70分,要求联系实际论述孙子的"智信仁勇严"将兵之道。我没有想到,自己这个选修生最后竟然得到了全班最高分96分,这大大增添了我的信心,对于自己转换专业的想法产生了重要影响。

再后来,石老师是我博士论文指导组的老师之一,从综合考试、开题报告、预答辩到答辩,每一个环节,石老师都给了我详尽的指导。大到篇章布局、思路线索,小到字句标点,十七八万字的论文,石老师读了不止一遍两遍。每次石老师提出意见以后,都会形成一个书面的评价。石老师留给我的这些字字句句,我将永远珍藏。

石世奇老师:教我为人的谦谦君子

看上面的文字,有的人可能会奇怪为什么开头写"石世奇教授",而后面却变成了"石世奇老师"。前些年熟悉情况的人都知道,在我们经济学院中国经济思想史教研室,当时最年长的是赵靖教授,大家尊称为"赵先生",再排下来就是石世奇教授,大家就更亲切地称为"石老师"。石老师谦虚礼让,他曾不止一次说过,"赵先生既是我的同事,也是我的老师",以此更加重了我们对赵先生的敬重。其实,在我博士入学那年,赵先生80周岁,石老师也已经70周岁了。

一部厚厚的《中国经济思想通史》,石老师付出了很多心血,但他只做副主编。在中国经济思想史学会,石老师做过秘书长、副会长、代会长。在赵先生的光环下,石老师勤勤恳恳,默默无闻。

石老师对学生好,我们也都愿意到他家里做客。每逢教师节或重要节假日,石老师都会在家里准备好丰盛的小食品、水果和饮料,等着一拨又一拨的学生前来造访。那不大也并不明亮的客厅里顿时充满了欢声笑语。石老会问问大家的工作或学习情况,也会就一些学术问题继续加深讨论。更多时候,是石老师在倾听大家的发言,并一个劲儿地劝大家多吃点。石老师晚年肺气肿很严重,据师母说,他晚上翻个身都要喘上半天,可每当见到这些学生们,石老师总是拿掉氧气面罩,愉快地加入大家的讨论。在石老师七十多岁高龄时,我们还能在聚会时有幸得到石老师出版的新著。每次临别前,石老师都会拿出相机与大家合影留念。而下次聚会时的第一件事,往往就是石老师把冲印好的照片分发给大家。每当大家依依不舍地离开,石老师总是坚持送出门,目送着最后一个人进入电梯。

石世奇院长:理想与现实结合的榜样

石老师"当官"的时候,我还没有入校。查阅资料才知道,1988—1993 年,石老师曾经担任过北京大学经济学院的院长。再往前,石老师 1977 年 6 月在下放劳动中被调回北京大学经济系主持工作,后来又先后担任过经济系领导小组组长、经济系党总支书记,以及经济学院副院长等职务。看来,石老师担任院系党务和行政工作的时间还是挺长的。

大学期间,我一直在校团委和院团委担任学生干部。尽管学习成绩还算不错,但对于大牌教授我一般还是敬而远之。因为很多人往往会给学生干部打上"不务正业"或"不学无术"的标签。但我对石老师却有一份特别的亲近感。石老师经常会问问我学习之外的事情,问问社会工作情况,还鼓励我把工作做好,这让我大出意外。直到后来我了解到石老师不仅做过院长,还做过书记,以后才明白过来。

石老师不单是一个学者,他多年从事党务和行政工作,形成了他乐于助人、善于与人打交道的性格。同时,石老师不同于当今不少从政的学者,他没有利用自己在学校的职务为自己进一步升迁做铺垫。石老师自 1960 年留校,工作岗位从未离开过学校,甚至没有离开过院系,并最后回归为一名普通的退休教授。

我想,石老师恰恰实践了他课程当中一个儒者的形象:既饱读诗书,又不迂腐自封,学以致用,堪当出将入相、经世济民之材!这也正是石老师所倾心教诲我们的。而石老师的那份淡泊明志、宁静致远,却需要我们用一生去体会和实践。

　　石老师病重,我去看过。虽然病情严重,但他却很坚强,还能和我们纵论国是。上了呼吸机以后,石老师就用笔和手写板与我交流,鼓励我好好工作、保重身体。2012年4月5日,清明节,我们几个师兄弟在给导师扫过墓之后还商量要不要去看望石老师。我说,今天这个节日去看石老师好像不大吉利。然而,第二天,石老师便永远地离开了我们……我也错过了最后一次和石老师交流的机会。

　　如今,石世奇老师离开我们已经快一年了。我毕业几年来,赵靖教授、我的导师郑学益教授,还有石世奇教授先后离开了我们,北大中国经济思想史专业损失惨重。真心希望北大能够继续把这个冷门专业发展下去,并发扬光大,以告慰石老师等诸位先生的在天之灵。

2013年4月6日

杏坛济世书奇声
——回忆石世奇先生

□ 张亚光*

对于北大的中国经济思想史学科来说,这几年遭遇的损失实在难以估量——2007年赵靖先生道归西山,2009年郑学益教授英年早逝,2012年石世奇先生又离开了我们,学科泰斗和学术中坚接连离世,昔日辉煌荣耀的中国经济思想史研究阵地一时间伶仃凋落。作为这个学科的传承者,我在悲痛和迷茫中纠结良久。其实我真心觉得,学科的发展尚在其次,它自有其规律,也会迎来新的机遇。最让我难过的是这个师门之中多年来绵延的暖暖的情谊,就这样成为永远的记忆。

似乎在习惯上,我们师门约定俗成的叫法是,称赵靖教授为"赵先生",而称石世奇教授为"石老师"。我2004年跟随郑学益教授攻读中国经济思想史专业的博士,在辈分上,赵先生和石老师都是师祖。只不过郑老师每次在我们面前都说"赵先生如何……石老师怎样……",我们听久了,也就依着这个说法沿用了下来。我想,大概是因为赵先生比石老师年长10岁的缘故,对于郑老师那一辈的人叫石老师或许更合适些,但是我们却不该不辨。所以,后来慢慢地,我自己逐渐改口称"石先生"了。"先生"者,德高望重之谓也。对于我这样一个后辈,能时常有机会受石先生耳提面命,实在是莫大的福气。

最早见到石先生的名字,是在北京大学出版社2002年出版的那套四卷本《中国经济思想通史》的封面上。赵靖先生是主编,石先生是副主编。因为

---

* 张亚光,北京大学经济学院副教授、副院长。

这套书是我们专业入学的必读文献，我自然需要从头至尾地通读数遍。全部读完之后，对石先生的印象依然十分模糊。序言和后记都是赵靖先生撰写，除了在卷首语介绍分工时注明石先生负责的章节之外，别无他痕。后来陆续接触中国经济思想史专业的诸多经典文献，也多是赵靖先生的独著。于是在很长一段时间内，石先生在我心目中颇为神秘，朦朦胧胧觉得先生就像一位世外高人，若隐若现，可能平日见不到他的身手，但却丝毫不影响他在江湖上的威望。直到有一天，郑学益老师和我聊天，谈起学科的发展和几位老先生时，感慨地说："你们啊，不要看石老师写的东西不多，他的每一篇文章都极有分量，功力不是一般人能达到的。最主要的是，石老师淡泊名利，几十年来和赵先生亦师亦友，全力配合赵先生编写通史，将研究生涯中最黄金的年华全部无私奉献给了通史的撰写，很多东西他都主动放弃了署名。实际上，北大中国经济思想史研究能够领先于学界，石老师的贡献是相当大的。"这段话我记忆深刻，但当时并未完全理解。几年后我站在讲台上教授"中国经济思想史"这门课，在备课过程中最认真且同学们反映最受启发的是司马迁的"善因论"，国内外一些搞主流经济学的学者在听我说起这种经济自由主义的先声时也无不齐发赞叹。某日无意间重新瞥到通史的写作分工情况，司马迁是第十九章，也是石世奇先生唯一独自署名的一章。

　　我入师门较晚。读博时赵靖先生和石世奇先生刚刚离开教学一线，偶尔会听师兄师姐们谈到两位先生在给研究生上课时的景象，不免暗自遗憾。好在北大的中国经济思想史专业数十年来延续着极好的传统，师长和学生之间情同家人，每到节假日期间，所有在校的硕士生、博士生和在北京已经参加工作的师兄师姐们都会相约集体看望两位先生。2004年的教师节，我还是个新生，提前几天已经收到张秋雷师兄的通知，大家约好在学校东门集合。出发时队伍有六七人，到了中关园又加入了几位工作了的师兄师姐，我怯怯地夹在人群中，忐忑不安，不知道两位师祖会怎样考察我这个新入门的徒孙。不过，当我听到赵靖先生亲切的山东口音和见到石世奇先生屋里茶几上堆满的水果甜点时，紧张局促便顷刻间消失了。几年后，我接替了秋雷师兄的位置，负责召集全体在校同学和在京工作的师兄师姐，每当我们的队伍浩浩荡荡走在北大东门到蓝旗营的路上时，我就会由衷地感觉到师门如同家庭般的温暖。

　　俗话说"家有一老,如有一宝",那几年里,在北大中国经济思想史专业这个大家庭里,两位先生坐镇,郑学益老师操持,周建波老师帮衬,我们这些求知求学的研究生们如嗷嗷待哺的孩童,幸福快乐地成长着。师生之间,同门之间,兄弟姐妹之间,彼此关心,共同进步。有时遇到挫折和困惑,一想到还有先生师长,心内便踏实下来,事实上也总是会从他们那里得到足够的指点和帮助。我留校任教后,写过一篇回顾北大中国经济思想史专业发展历程的文章,其中有段资料需要核实,但是来不及亲自到石先生家拜访,于是打电话求问。石先生略作思考,为我做了细心的讲解。结束通话十几分钟后,电话铃声响起,是石先生打回来的,说有个时间他记得不太准确,翻阅了当年的文件后发现有点问题,赶紧告诉我更正后的信息。搁下电话,我沉吟许久。大学里不是每位教师到老时都能当得起"先生"的称呼,先生需要有睿智的思想,阔然的气象,更重要的是,先生要有金针度人的谦谦长者之风,有提携后学的拳拳引领之意。若不为后计,何得先生名。学问和良知的传承,恐怕还是要靠一代又一代如此般的先生才能完成。

　　曙光老师怀念石先生的文章搁笔极早,题为《石品清奇师恩长》,读后令人印象最深的是对石先生外表的描述:"相貌清瘦,身材修长,颇有仙风道骨……最有士人风范,最有学者风度,最有读书人的一种潇散奇古之气。"坦诚地说,在经济学院乃至北大,对石先生了解之深、感情之重的,恐怕非曙光老师莫属。几次看到曙光老师关于石先生的文章,连我这个入门的弟子也自愧不如。尤其是2004年之后进入中国经济思想史专业学习的同学们,大概或多或少地都会觉得和石先生之间有一种可敬的距离感。不知为什么,我会突然想到"君子朋而不党"这句话。以我的观察和理解,石先生待人真诚、谦和,但是有威严,有态度,有原则,有底线。和石先生聊天,你总会感到一股淡淡的暖意,很少会有不顾理性的炽热。他会教你学问,给你关心,但是他并不要求你放弃自我的存在,甚至他本身都会不刻意地和你保持恰到好处的距离。这究竟是儒家的"中庸"还是道家的"自然",我无从论断。就像曙光老师刚刚用完"仙风道骨"接着又用"士人风范"一样,或许每位经典意义上的中国知识分子,骨子里都杂糅着儒家和道家的气息。

石先生的身体一直不太好,去世前两年每次接待同学们拜访时,说不了几句话就要吸氧才能支撑下去,实在是非常的柔弱。然而,石先生在情谊上却又是至刚至猛之人。2002年,中国经济思想史学会在太原召开第十届年会,石先生亲自赴会,那是他最后一次离开北京。在游览五台山时,石先生突感气喘不适,回到北京之后几乎除了蓝旗营楼下再也没去过别处,稍一活动,就会呼吸困难。就是这样的身体状况,石先生让家人将轮椅抬到车上,坐着轮椅先后两次到八宝山,亲自送别赵靖先生和郑学益教授。在送别郑学益教授的时候,石先生的病症已经相当严重,我们大家都知道石先生的情况,谁也没想到他竟然会到场。当时石先生静静地吸了一口气,伤感地说道:"我再不来,还有谁该来呢?我和赵先生、郑老师,是几十年的情谊啊。"对师友如此,对爱人更是如此。师母的身体比石先生还要差一些,石先生住到西苑医院之后,师母的健康状况也开始恶化,住在石先生隔壁的重症监护室。二人惺惺相惜,尽管不能见面,却时时牵挂着对方。后来石先生转院到北大医院,希望能改善治疗,转院前他特意让我们推着轮椅到师母病床前,牵起师母插满针管的手轻轻抚摸,久久不愿放开。师母已经无法开口说话,两人对望诀别,一切尽在不言中。我不记得石先生和师母眼中是否涌出了泪花,因为那样的场景,谁都不忍直视。

石先生转到北大医院之后,离学校交通不太便利,不像在西苑医院时还可以和刘京师妹或带着自己专业的学生隔三岔五地探望,加上院庆工作和春季学期的教学任务繁重,去的次数少了些。不过每次见到石先生,总有故交或学生在场,先生一生磊落助人,终究是有福报的。有一天,我陪着郑学益老师的夫人去看望先生,病房里洒满了澄净的阳光,石先生的被子上放着一本宋词,几位石先生在20世纪50年代的北大同窗站在床沿,回忆着当年的趣事,石先生不能出声,嘴角上扬,脸上洋溢着快乐和幸福。我愿意将对先生的怀念定格在这样一个画面。

2013年3月11日

先生之风　山高水长

□ 颜　敏*

2005年,我来到北大经济学院读研究生的时候,石先生已经离开了教学岗位,以至于我一直都没能有机会听先生讲的课。2007年,我读博至中国经济思想史专业,正式加入师门。按照传统,每年的元旦和教师节,同学们都会自发组织看望先生,这使我有机会直接聆听先生的教诲,感受先生为人、治学、处事的风范。

我第一次去看望先生的时候,先生的身体已经欠佳,要经常吃药和吸入氧气,行动也有很多不便。但每次我们去看望他,他和师母总是很热情,一定会提前准备好水果和饮料,也一定会提前腾出来足够多的凳子、椅子和沙发让我们坐。我们一行往往十几个人,满满当当挤在先生不大的客厅里。虽然有近几届的学生,先生叫不上名字来,但他每次总是依次询问同学们的情况,认真听大家介绍。这种一问一答的交流,以及被尊重的感觉,常常令我们这些年轻学生激动不已。我们非常关心先生的身体,常为他担心,但每次问及先生的病情时,他总会很认真、很详细地向我们说明,其语气温和平静得像是在说一个陌生人的事,丝毫没有忧虑和恐惧。他这种坦然、从容、达观的生活态度,特别值得我们学习。

石先生仙风道骨、思想深邃,听他讲话总感觉心情沉静,如沐春风。我们这些年轻学生虽然多数都没有上过先生的课,但他对我们十分关心,经常帮我们分析解决生活上的困惑。刚毕业时,我陷入了租房还是买方的纠结之

---

* 颜敏,北京经开电子商务有限公司总经理。

中。深感租房没有归宿感,买方价格又贵,压力很大,因此心情特别低落,觉得我们这一代人活得十分不容易。春节期间看望石先生时,我向先生诉说了我的心思。先生说,你们这一代虽然不易,但至少还有一个较为平和、能够自由发展的社会环境,他们当年大学毕业时,恰好赶上各种政治运动,以后长达数十年的时间里,不但正常的科研无法进行,就连正常的生活也常常受到冲击。谈起关于房子的话题,先生说,他之前住的是四室无厅的房子,这四室由一个过道分开,由两家居住,共用厨房和卫生间。在这个房子里,他们住了20来年。当我问先生租房好,还是买房好时,先生平和地说,如果负担过重,倒不如先租着住一段时间,年轻人没有自己的房子,以前也是这样。听完这些话,我豁然开朗,想想先生那一代人受到了多少不公正的待遇,都没有任何抱怨,我又有什么理由说我们这一代人不容易呢。

我们形容学者的成就常用"著作等身"一词,但石先生却是一个例外。石先生治中国经济思想史五十余载,除一部教材和一本文集外,几乎找不到他署第一作者的著作,而发表的论文也仅以"数十篇"计,与当今学者动辄数百篇的量相比,似乎略显寒微。若仅看这些论著量,似乎与他在学界的声望和经济学院第二任院长的身份相比,并不十分相称。然而,这正是石先生卓尔不群、超凡脱俗的地方。几十年来,石先生甘当赵靖先生的助手,为北大中国经济思想史学科的建立和发展做出了重要贡献。翻开《中国经济思想通史》,石先生撰述的章节考据严谨,史论结合,语言清新,与一般经济学家的风格迥异其趣,颇有大家风范。然而,他甘居人后,不与世争,在北京大学出版社出版的几部重要著作中,他始终署名副主编。在赵靖先生担任中国经济思想史学会会长期间,他担任秘书长、副会长,扎扎实实为学会建设做了大量具体工作,主动为赵靖先生分忧,却从未因此邀功。在赵靖先生身体不适期间短暂代理会长之后,便退居二线。石先生这种甘居人后、甘为人梯、顾全大局、默默奉献的精神,郑学益老师在时每每提及,无不感叹。当今学界,唯成果论。不少学者将自身利益凌驾于他人和集体之上,甚至闹出不少利益纷争,与石先生相比,实在汗颜。

石先生对学生十分关爱,视如己出。有一次,与王曙光老师一起去看望石先生。先生饶有兴趣地拿出他早年研习篆刻的小石头与曙光老师切磋,这些小石头最早有刻于20世纪50年代的,最晚有80年代的,先生一一拿出来给我们讲解:这个是什么石头、刻于何时,那个刻的是什么内容、有什么含义。其中有一个黑色的小石头十分精致,曙光老师拿在手里不断摩挲把玩,许久不舍得放下。先生看出了他的心思,突然说:"这一个送给你了。"曙光老师猛一抬头,激动得一时不知说什么好,像一个小孩子得了他喜欢的玩具一样,揣在怀里只顾笑。

2009年,郑学益老师生病住院。那时,先生的身体已经虚弱,很久没有下过楼了。但听说郑老师住院了,先生不顾自己的身体状况,执意要去医院看望。当我搀扶着他来到郑老师的病床前,看着昏迷的郑老师躺在病床上,他紧握着郑老师的手,说了一句"学益,我来看你了。"在场的人听到后无不为之动容。

那天,恰好院里的几位老师和77级的几位学长也在医院。看到石先生过来,大家既感到惊讶又感到亲切,纷纷围过去问好。于吉学长主动接过先生的轮椅往病房推着。这时,刘文忻老师对先生说:"石老师,这是于吉,您还记得吗?"先生立即回答道:"我怎么不记得?他是他们班团支书啊。"于吉学长听后十分感动,连连说道:"石老师记性真好!石老师记性真好!"便转身掩面擦泪。那时,77级学生已毕业近三十年,先生对他们当年的情况仍记得非常清楚,真是让人敬佩。

石先生为人非常谦逊。我听过两则故事,一是在经济学院20周年院庆大会上,石先生以第二任院长的身份坐在主席台上,主持人孙祁祥教授请他讲话,他摆摆手,一言未发。二是在胡代光先生90大寿庆祝会上,石先生穿着整洁的西装,系着鲜亮的领带,扶病参加。主持人刘文忻教授请他讲话,他摆摆手,仍然一言未发。《道德经》中说,"上善若水,水善利万物而不争……心善渊,与善仁,言善信,政善治,事善能,动善时。夫唯不争,故无尤。"我想,用这句话来形容石先生,真是再恰当不过的了。先生一生为中国经济思想史学科的建设、为经济学院的发展和人才培养做出了卓越的贡献,但他却一生先人后己、不矜不伐。先生虽然离开我们已经两年多了,但他这种高尚的风范和高超的品行,却一直激励着我。

2012年6月

附

60 年前的免费的班

——怀念 1945—1946 年崇化学会国学班

□ 石世奇

近年来,在弘扬传统文化的呼声中,"国学"在沉寂多年之后,似乎又"兴盛"起来,各种各样的"国学"班的广告,常常可以在报刊上见到,招收学员多以企业家、公司高管、公务员等社会精英为对象,而且,学费不菲,动辄上千上万,这样的价格,绝非一般对"国学"有兴趣的普通老百姓所能承受。难怪有人说"国学班"变成了"奢侈品"。

60 年前,我曾在天津的一所免费的国学班学习了将近两年,这两年的学习对我以后的思想、学习、工作具有重要影响。

天津的这个免费的国学班就是天津崇化学会办的国学讲习班,20 世纪 20 年代,严范孙先生创办崇化学会国学专科学校,后停办。40 年代初有若干位热心弘扬中华传统文化的人士,重建崇化国学班,先办夜班,几年后又办日班,我上的是夜班。1945 年,我 13 岁,正在读初中,每天晚上到崇化学会听课两小时。当时在这个班学习的多是成年人,主要是教师、职员,也有一些学生。我中学的一位数学老师的母亲,是一所小学的教务主任,她由我处知道了崇化学会,也就报名到这听课。在这里听课是很自由的,来者不拒,去者自由,既不收费,也不点名。从周一到周六有固定的课表,安排不同的课。我听过的课有郭霭春先生(后从事中医史和中医文献研究,任天津中医学院教授)的《论语》、龚作家先生(名望,天津著名书法家、金石家)的《孟子》、王先生的《左传》、杜先生的《资治通鉴》、于先生(古文字学家,著有《文字系》)的《说文部首》,还听过王斗瞻先生讲《清儒学案》中的"夏峰学案",还上过龚作家先生的书法课。当时主持这个班的是郭霭春先生,他曾要求学员每月交一篇作文,作文题由当时住在通州的王星球先生出,文章写好后集中起来,寄到通州,王先生批改后寄回,由郭霭春先生排出名次,装订成册,供学员阅读,过一定时间,拆开发还个人。我作了七八篇,题目有《读〈礼记·大学篇〉》《读〈汉书·杨王孙传〉》等,均有王先生的批语和"星球"篆文图章,一直保存了20年。

崇化学会还有一位老先生郑菊如,当时已年过古稀,仍然热心崇化学会的工作,他是崇化学会的元老,20世纪20年代严范孙先生创办崇化学会时,他就是那里的教师,40年代崇化学会的多位中年老师,都是他的学生,他不仅热心弘扬国学,也热心新式教育。20世纪初,他就为严范孙创办的中学捐赠土地。南开学校之所以名为"南开",就是因为他捐赠了建校的土地,学校因此由严范孙住宅迁至天津城南,被称为"南开"的地方,学校也就随之改名为"南开学校"。郑菊如先生,中华人民共和国成立后,任中央文史馆馆员。

崇化学会的老师们都是义务讲课,分文不取,但是都勤勤恳恳,认真负责,我在这里学习了将近两年,没有遇到一位老师缺课,也没有遇到哪位老师迟到、早退。国学班上课在文庙的明伦堂。国学班运作中的少量经费,由热心弘扬中华传统文化的人士捐赠。

我之所以将60年前的往事写下来,主要是因为那时的这些热心弘扬传统文化的学者值得我们怀念,值得我们学习。

周呈奇《战后台湾经济增长思想研究》出版序言

□ 石世奇

周呈奇博士的《战后台湾经济增长思想研究》出版了。这是他的第一部学术专著,也是有关台湾地区经济思想研究的第一部学术专著。我作为多年从事中国经济思想史教学和研究的教师,当然深感欣慰。

20 世纪五六十年代以来,台湾地区的经济获得了高速增长,和中国香港、韩国、新加坡一起被誉为"亚洲四小龙"。台湾地区的经济增长成为经济研究的热门话题,出版了不少论文和专著。但是,周呈奇博士的专著却与众不同,他是从经济思想史的角度,研究台湾地区在这一时期,经济思想对当局的经济政策的影响,从而对经济增长的作用,这是研究台湾地区经济增长的一个新视角。

这本专著以经济思想为研究对象,可以说是一部有关经济思想史的学术专著。这部著作不仅论述了这一时期台湾地区经济增长思想演变的历程,从经济增长思想到经济发展思想演变的历程,论述了这些思想产生的社会、政治、经济的背景,而且,也论述了这些思想的渊源,有的追溯到中国古代经济思想,中国近代经济思想,孙中山的经济思想;有的追溯到亚当·斯密以及当代西方经济学各个学派的思想。这部专著具有鲜明的经济思想史著作的特点,台湾学者研究中国经济思想史的专著我见到过几部,如侯家驹教授的几部有关中国经济思想史的著作。但是,专门研究台湾地区经济思想的著作,我还没有见到过。周呈奇博士的专著应是第一部了。从这个角度来说,这部专著对经济思想史学科的建设具有一定的意义。

这部著作的内容非常丰富,不仅论述了从第二次世界大战以后的 20 世纪 40 年代末直至 21 世纪初,长达 60 年台湾地区的经济增长思想,而且涉及了从宏观到微观,从生产到进出口贸易、财政,金融等各方面的问题。系统地介绍了战后经济学家、文化学者和经济部门的负责人,对台湾地区经济增长的各种见解,介绍了有关争论。从经济思想的角度来看,他对台湾地区的经济增长,做出了自己的总结。不管是否同意他的总结,他的这一研究视角,将有助于人们对台湾地区经济增长的认识和进一步深入研究。书中谈到的多位经济学家,我曾有过交往,读来也深感亲切。

周呈奇博士出生于台湾,在台湾读的大学,之后又在大陆生活、学习、工作了多年,对海峡两岸的各方面均有深入的了解。所以他论述台湾地区经济的著作更适于大陆同胞阅读。所以,这部著作有助于大陆同胞了解台湾经济的真实情况,有助于两岸的交流。大陆与台湾地区社会制度不同,但是在走向市场经济的过程中,还是会遇到不少共同的问题。台湾地区的成功经验和失败教训,对大陆的经济发展,不无参考借鉴的意义。

我与周呈奇博士相识于 1999 年,至今已有八九年。他在北京大学经济学院攻读博士学位时,我已退休,但是,也还有不少接触,我对他学习的勤奋努力,研究工作的严谨认真,待人的诚恳热情,均有深刻的印象。他的夫人冯杨博士,也是北京大学经济学院的学生,并在北大获得博士学位,我也很熟悉。他们在学习和研究上互相帮助、互相切磋,也给我留下了深刻印象。在周呈奇博士第一部学术著作出版之际,我预祝他们的第二部、第三部著作将陆续出版。

与王襄有关的一本小书

□ 石世奇

中央电视台在2007年年初,连续两期播出《王襄与甲骨文》。这使我想起60年前我得到的一本与王襄老先生有关的书——《雪老遗作》。之所以说这本书与王老有关,一是书的作者雪老是王老的弟弟,二是书中有王老的序。

这本书是龚作家先生送我的。我是龚老师的学生。1945年的暑假,龚老师曾教我读了半部《论语》,也曾指点过我写字、篆刻。龚老师也曾将所藏的印章,多数是石章,也有几枚是砖的,一一印出送我。我也曾到龚作家老师在西沽的府上给老师拜年。1946年的中秋节,龚老师将这本《雪老遗作》送给了我。我非常珍视这本书,在我1950年到北京大学学习时,也就将其由天津带到了北京。60年来,经历了不少变动,这本书目前虽不能说依然如新,但也完整无损。

这是一本薄薄的小书,宣纸线装,是一本印集,只有15页,宽不足9厘米,高15厘米。书的封面的书签上有"雪老遗作"四字,下有两行小字"弟子齐治源手拓 第百零三本"。印章作者雪老,于丙戌年(1946年)去世,终年64岁。弟子齐治源"痛师之亡,取存印之尤者,拓为小册留念"。书前有王老亲笔书写的序,全文如下:

"吾钊弟之丧,既大殓矣,收涕谋殡葬事。其弟子齐治源君来哭,欲择生前所治之印,编为册子,分赠亲旧,存诸永世。其爱师之诚固甚笃挚。弟侘傺一生,不与时偕,托治印以老。举周秦之玺印,皖浙各家之印谱,与夫契文金文古封泥,元人私押,规貌取神,心契手抚,兴至之作,可以上抗古人,而于汉人缪篆之法,白文之印,尤有独到处。吾知吾弟匪出阿好。今欲得吾弟治印不可能也。承其绪者,幸有诸弟子与犹子强儒,在弟其可无憾。噫!弟生六十四岁而终,天不永年,冀此区区册子,传之难传之世,亦人生悲苦之境、至艰之事也。然后死者之心可籍慰矣。册印讫为文以写余悲,并以告吾弟之灵。丙戌七月兄襄志"。下有阴文"王襄"印章。

  此书除封面、封底、书名页共3页,王老、雪老弟子孙秉箴的序各1页,尚有10页,共印18枚印章。其中有阴文"王襄印信"、阳文"纶阁临本"、阴文"纶阁藏龟"、阳文"王襄私印"、阴文"齐治源"、阳文"治源金石文字"、阴文"蔼吉书屋"等。

  这本书印了多少本,我不知道。由于是为了"分赠亲旧,存诸永世",想必不会印得太多。1946年我得到这本书时14岁,恐怕是有幸得到这本书的最年轻者,如今也已七十有四。当年获赠此书而健在者恐不多了。此书尚有多少存世,恐也不多了。我这本是"第百零三本",恐怕不是孤本,也算珍本了。王老说:"冀此区区册子,传之难传之世,亦人生悲苦之境、至艰之事也"。虽为"至艰之事",但毕竟尚有存于世者,亦幸矣!